Georg Denzler
Widerstand oder Anpassung?

SERIE PIPER
Band 294

Zu diesem Buch

Ist die Katholische Kirche im Dritten Reich als Institution schuldig geworden, oder ist sie – wie ihre Bischöfe immer wieder erklären – frei von Schuld? Der historische Sachverhalt, den der Kirchenhistoriker Georg Denzler auf der Basis neuer Quellen und Aussagen von Zeitzeugen sorgfältig recherchiert hat, wirft eine Reihe von peinlichen Fragen auf: Hat der Papst seinen Einfluß gegen die Diktaturen in Italien und Deutschland geltend gemacht, oder hat er durch Konkordaten Mussolini und Hitler internationales Prestige verliehen? Haben die Bischöfe gegen Unrecht und Gewalt von Anfang an protestiert, oder haben sie geschwiegen – zunächst aus Sympathie mit einem autoritären System, später aus Angst vor Repressalien gegen die Kirche? Sind niedere Kleriker und Laien bei ihrer Opposition gegen das Regime von den Bischöfen unterstützt worden, oder haben sie auf eigenes Risiko Widerstand geleistet?

Denzler gibt Antworten auf diese Fragen, indem er zunächst die Amtskirche in ihrem Verhältnis zur Weimarer Republik vorstellt, dann ihre Haltung zur »Machtergreifung« schildert und die wichtigsten Stationen des nationalsozialistischen Kirchenkampfes abschreitet. Schließlich setzt er sich kritisch damit auseinander, wie die Kirche diese Vergangenheit heute bewältigt und welche Folgerungen sie daraus für ihre gegenwärtige Politik zieht. Georg Denzler, der zu diesem Thema eine Reihe von öffentlichen Kontroversen ausgelöst hat, will mit seiner Steitschrift eine ehrliche Auseinandersetzung mit einem dunklen Kapitel der Kirchengeschichte provozieren.

Georg Denzler, geboren 1930 in Bamberg. Studium der katholischen Theologie in Bamberg und München, 1955 Priesterweihe, 1962 Promotion und 1967 Habilitation im Fach Kirchengeschichte an der Universität München, seit 1971 o. Professor für Kirchengeschichte an der Universität Bamberg. 1973 Heirat.

Veröffentlichungen u. a.: Tagebuch des Konzils, 1965; Das Papsttum und der Amtszölibat, 2 Bde., 1973–76; (mit C. Andresen) Wörterbuch der Kirchengeschichte, 1984[2]; (mit V. Fabricius) Die Kirchen im Dritten Reich, 2 Bde., 1984; Herausgeber: Päpste und Papsttum, 23 Bde., 1971 ff.; Papsttum heute und morgen, 1975; Kirche und Staat auf Distanz, 1977; Weshalb Priester?, 1982.

GEORG DENZLER

WIDERSTAND ODER ANPASSUNG?

Katholische Kirche und Drittes Reich

Piper
München Zürich

Pfarrer Johannes Burkhart (* 11. März 1904),
dem unerschrockenen Kämpfer gegen den Nazismus,
in dankbarer Verehrung zum 80. Geburtstag

ISBN 3-492-00594-2
Originalausgabe
September 1984
© R. Piper GmbH & Co. KG, München 1984
Umschlag: Federico Luci, unter Verwendung eines
Fotos des Süddeutschen Verlages, München
Gesamtherstellung: Clausen & Bosse, Leck
Printed in Germany

Inhalt

Schuld

Ich trage leicht an dem, was das Gericht
mir Schuld benennen wird: an Plan und Sorgen.
Verbrecher wär' ich, hätt' ich für das Morgen
des Volkes nicht geplant aus eigner Pflicht.

Doch schuldig bin ich anders als ihr denkt,
ich mußte früher meine Pflicht erkennen,
ich mußte schärfer Unheil Unheil nennen –
mein Urteil hab ich viel zu lang gelenkt ...

Ich klage mich in meinem Herzen an:
ich habe mein Gewissen lang betrogen,
ich hab mich selbst und andere belogen –

ich kannte früh des Jammers ganze Bahn –
ich hab gewarnt – nicht hart genug und klar!
und heute weiß ich, was ich schuldig war.

Albrecht Haushofer,
am 24. April 1945 in Berlin von einem SS-Sturmführer
erschossen

Zur Klarstellung

Wenn in diesem Buch unter »Kirche« meist die kirchliche Obrigkeit gemeint ist, erklärt es sich damit, daß die Amtsträger damals als die allein handelnden Subjekte galten, denen die sogenannten Laien als gehorsame Betreuungsobjekte unterstanden. Die Vermittlung des ewigen Heiles erfolgte nur durch die Institution Kirche, so daß diese auch die günstigste Art der Heilsvermittlung bestimmen konnte. Es bedeutete für die Kirchenautorität aber gleichzeitig die Verpflichtung, die Kirche als heilsnotwendige Institution immer und um jeden Preis – Handschlag mit Diktatoren nicht ausgenommen – funktionsfähig zu erhalten. Bei einem solchen Kirchenbegriff erscheint die Kirchenpolitik der Bischöfe zwar leichter verständlich, sie ist aber deswegen noch keineswegs gerechtfertigt.

Dieses Buch ist aus Liebe zur Wahrheit geschrieben – und möchte doch als eine Streitschrift gelten. Liebe zur Wahrheit sollte für den Menschen etwas Selbstverständliches, ja, Liebenswertes sein. Es gibt aber – auch und gerade in kirchlichen Kreisen – die Ansicht, Liebe zur Wahrheit verrate oft einen bedauerlichen Mangel an Liebe. Wenn einer wirklich liebe, so lautet ihre Argumentation, in unserem Fall die Kirche liebe, dann verschweige er eben aus Liebe das Negative, das Böse, obwohl es eine Tatsache sei. Also: Verschweigen der Wahrheit aus Liebe! Dies darf aber niemals die Devise des Kirchenhistorikers sein. Eine solche Einstellung kennt man freilich aus früheren Zeiten unter dem Stichwort »Kirchliche Apologetik«. Für sie galt der Grundsatz: Leugnung oder zumindest Verheimlichung des Schlechten und Häßlichen im Leben der Kirche und Propagierung alles Guten und Schönen. Echte Liebe zur ganzen Wahrheit kennt jedoch nicht eine derartige Aussonderung der unangenehmen Seiten; ihr Blick richtet sich auf die gesamte Wirklichkeit und hält ihr auch stand.

Ein herzliches Wort des Dankes gilt den fünf Zeitzeugen Alfons Beil, Johannes Burkhart, Walter Dirks, Stephan Pfürtner und Joseph Rossaint, die ihre Erfahrung und Meinung zum Thema dieses Buches in kurzen Stellungnahmen frei zum Ausdruck bringen.

Nur Monsignore Dr. Carl Klinkhammer (Düsseldorf), als junger Kaplan schon vor 1933 ein energischer und furchtloser Gegner des Nationalsozialismus, während des Dritten Reiches mehrmals hinter Gefängnisgittern, beantwortete meine Bitte um eine kurze Stellungnahme zum Verhalten der Katholischen Kirche unter der Hitlerherrschaft mit einem bedauernden Nein. Seine Absage entsprang der Angst, er »könnte der Kirche, zu der ich trotz allem vor wie nach fest stehe, in den Rücken fallen«. Diese Begründung klingt sonderbar. Wie wäre sie anders zu verstehen, als daß die Institution Kirche belastende Ereignisse aus Liebe zu eben dieser Kirche unausgesprochen bleiben sollen? Ein solches Denken und Handeln verstümmelt die Wahrheit.

Andere haben andere Rücksichten. Auf meinen Artikel »SS-Spitzel mit Soutane« – die provozierende, noch dazu falsche Überschrift stammt nicht von mir – in der Wochenzeitung »Die Zeit« (2. 9. 1982) gingen bei der Redaktion, wie nicht anders zu erwarten, zahlreiche Protestbriefe ein, namentlich aus klerikalen Zirkeln. Gegenüber einem solchen Briefschreiber bedauerte Marion Gräfin Dönhoff, Mitherausgeberin der Zeitung, den Abdruck meines Beitrags. Um mich zu vergewissern, fragte ich die Gräfin selbst und erhielt die Richtigkeit ihrer Antwort an einen geistlichen Landsmann bestätigt. Als Grund ihres Bedauerns nannte sie mir die Tatsache, daß noch kein Artikel soviel Ärger verursacht hätte. (Ob ich dies als Kompliment für meinen zweiseitigen Beitrag auffassen soll?) Deshalb wäre sie, »auch ohne die vielen Einwendungen beurteilen zu können«, froher gewesen, wenn dieser Beitrag nicht veröffentlicht worden wäre. Ich frage: Geht es den Medien – und nicht nur dem Organ »Die Zeit« – in erster Linie darum, ob eine Veröffentlichung, die Anstoß erregt, der Wahrheit entspricht, oder schielen sie zuerst auf das Echo der Leser, konkreter: der Abonnenten oder Konsumenten?

Wieder andere kennen nochmals andere Motive. Um ihr Mißfallen an bestimmten Aussagen, die ihnen unangenehm erscheinen, wegzuschieben, stürzen sie sich, wie in meinem Fall die Kollegen Dieter Albrecht (Regensburg), Hugo Ott (Freiburg) und Konrad Repgen (Bonn), auf persönliche Fakten und meinen, auf diese Weise der sachlichen Auseinandersetzung enthoben zu sein. Sie mögen sich, was meine Person betrifft, an das für mich zuständige Erzbischöfliche Ordinariat in Bamberg oder auch an das Standesamt wenden.

Betrüblich, wenn auch bezeichnend, finde ich die restriktive Archivpolitik mancher Kirchenbehörden. So verwehrte mir Erzbischof Friedrich Wetter (München) die Benutzung des Nachlasses von Kardinal Faulhaber († 1952), obwohl Pater Dr. Ludwig Volk SJ bereits zwei dicke Aktenbände daraus ediert hat. Alles soll wohl nicht gezeigt werden?

Obwohl das Wort von der Objektivität als dem höchsten Ziel wissenschaftlichen Bemühens allzu abgenutzt ist, bekunde ich abermals, daß es mir in diesem Buch um nichts als die Wahrheit geht. Deshalb auch werden zahlreiche Quellen häufig und ausführlich zitiert. Solche Objektivität will freilich nicht verwechselt werden mit politischer oder moralischer Urteilslosigkeit. In diesem Sinn soll über dieser Streitschrift stehen: Veritati! Für die Wahrheit!

I. Nach der geliebten Monarchie die ungeliebte Republik

Wir können uns das Unbehagen und die Trauer vieler Katholiken, namentlich in den oberen Rängen der Hierarchie, über den Untergang der Monarchie in Deutschland nicht schmerzlich genug vorstellen. Kirche und Staat waren, ungeachtet zahlreicher Zweikämpfe um Recht und Vorrang, über Jahrhunderte hinweg so eng miteinander verbunden, daß diese plötzliche und ungewollte Trennung tiefe Wunden aufreißen mußte, die erst allmählich heilen und vernarben konnten. In den Herzen ungezählter Deutscher lebte eine heimliche, bisweilen auch offen ausgesprochene Sehnsucht nach Kaiser und König lange fort.

Antidemokratisches Denken

Allen voran den Bischöfen, die jener altbewährten Verbindung von Thron und Altar am meisten nachweinten, fiel es schwer, der am 11. August 1919 in Weimar beschlossenen Verfassung der Deutschen Republik auch innerlich zuzustimmen, wenn schon Artikel 1 lautete: »Die Staatsgewalt geht vom Volk aus.« Bisher hatte es geheißen, alle Gewalt gehe von Gott direkt auf die von ihm gesetzte Autorität über.

Der Münchener Erzbischof Michael von Faulhaber, 1921 zum Kardinal der »Heiligen Römischen Kirche« erhoben, konnte sich mit der neuen politischen Lage nach dem Untergang des deutschen Kaiserreiches und der einzelnen Königreiche nur schwer zurechtfinden. Im klaren Wissen darum, daß diese Neuordnung der staatlichen Verhältnisse nicht mehr rückgängig gemacht werden konnte, konzentrierte er seine Hauptsorge darauf, daß wenigstens der Kirche eine ähnliche »Revolution« erspart bliebe.

Im Hirtenbrief zur Fastenzeit des Jahres 1920 konstatierte

Faulhaber, ein Kirchenfürst von Gottes und Königs Gnaden, das völlige Andersgeartetsein der Katholischen Kirche: »Die Kirche hat ohne militärische Machtmittel als Hierarchie von Gottes Gnaden die Umwälzungen von 1900 Jahren überstanden und wird ihren monarchischen Grundcharakter bis zum Ende der Zeiten bewahren. Die päpstliche Tiara wird alle Königskronen und Kaiserkronen der Weltgeschichte überdauern.« Der Erzbischof mit dem Wahlspruch »Vox temporis – vox Dei« (Die Stimme der Zeit ist die Stimme Gottes!) berichtete dann von Stimmen, die, voll Stolz auf eine souveräne Volksregierung, der Kirche zuflüstern: »Mutter, willst du nicht dem demokratischen Zug der Zeit etwas mehr entgegenkommen und deine streng hierarchische Verfassung etwas mehr parlamentarisch gestalten? Willst du nicht neuen Wein in neue Schläuche gießen und das Volk mitregieren lassen?« Derart verlockenden Rufen erteilte der bis ins innerste Mark monarchisch gesinnte Oberhirte eine kompromißlose Antwort: »Kinder des 20. Jahrhunderts, ihr habt vom Taumelwein des demokratischen Gedankens getrunken, aber ihr kennt weder die Schrift noch die Kraft Gottes. Der Primat ist eine Einrichtung Gottes und darum über zeitgeschichtliche Wandlungen hinausgehoben.« Der Erzbischof machte sich zugleich zum hartnäckigen Verteidiger einer absolutistischen Kirchenspitze, die seit dem 1. Vatikanischen Konzil (1869–1870) als dogmatische Wahrheit gilt.

Adenauer contra Faulhaber

Wie völlig ungewohnt den Bischöfen das Gehen auf dem Boden der Demokratie anmutete, wurde beim Deutschen Katholikentag in München vom 27. bis 30. August 1922 offensichtlich. In Gegenwart von Mitgliedern des Königshauses Wittelsbach, der bayerischen Regierung und des päpstlichen Nuntius hielt Kardinal Faulhaber beim Weiheakt auf dem Königsplatz eine denkwürdige Ansprache, in der er den wenige Jahre zuvor erfolgten Umsturz verdammte und der darauf folgenden Deutschen Republik sein Mißtrauen bescheinigte. Mit faszinierender Beredsamkeit rief er den zu Tausenden aus ganz Deutschland versammelten Katholiken diese Worte ins Gewissen: »Wehe dem Staat, der seine Rechtsordnung und Gesetzgebung nicht auf den Boden der Gebote Gottes stellt, der eine Verfassung schafft ohne den Namen Gottes, der die Rechte der Eltern in seinem Schulgesetz nicht kennt, der die Theaterseuche und die Kinoseuche nicht fernhält von seinem Volk, der eine Gesetzgebung schafft, welche die Ehescheidung erlaubt, welche die uneheliche Mutterschaft in Schutz nimmt: Wo die Gesetze eines Staates mit den Geboten Gottes in Widerspruch sind, da gilt der Satz: Gottesrecht bricht Staatsrecht! Die Revolution war Meineid und Hochverrat und bleibt in der Geschichte erblich belastet und gezeichnet mit dem Kainsmal!«

Der Kölner Oberbürgermeister Konrad Adenauer, Präsident dieses Katholikentages, war tief erzürnt über die politische Attacke des Münchener Oberhirten. Bei der Schlußveranstaltung gab er eine deutliche Antwort, indem er sich von der reaktionären Staatsauffassung des Erzbischofs distanzierte und ein klares Bekenntnis zum neuen demokratischen Staat ablegte: »Es sind hie und da Äußerungen gefallen, die man sich aus Verhältnissen örtlicher Natur erklären kann, hinter denen aber die Gesamtheit der deutschen Katholiken nicht steht. Unsere Einigkeit in der Einschätzung und Bewertung mancher Dinge leidet unter der Verschiedenheit unserer Beurteilung der gegenwärtigen Verhältnisse. Manche katholischen Kreise müssen ihr Gefühl etwas zurücktreten lassen. Im staatlichen Leben dürfen Gefühlsmomente, und mögen sie an sich noch so großer Achtung wert sein, keine ausschlaggebende Rolle spielen. Feste, in Ruhe überlegte Grundsätze sind nötig. Nötig ist auch die kühle und klare Erkenntnis der Dinge und der Möglichkeiten. Es verrät Mangel an historischem Blick, die heutige Verfassung verantwortlich zu machen für die heutigen Zustände. Es verrät Mangel an historischem Blick, sie verantwortlich zu machen für die Kämpfe, die uns Katholiken bevorstehen. Alles ist organisch geworden, nichts fällt ohne weiteres vom Himmel herab, nichts ist das Werk eines Augenblickes, alles in der Natur ist das Produkt einer längeren Arbeit. Wenn im Herbste der Wind die Blätter von den Bäumen fegt, so ist der Wind nur der Anstoß, denn die Bäume waren alt und müde, und wenn der Sturm Äste und Bäume bricht, so war der Sturm nur der Anstoß, denn die Bäume und

Äste waren alt und morsch, denn wären sie nicht morsch und lebensschwach gewesen, so hätten sie den Sturm überdauert.«

Mit den morschen Bäumen meinte Adenauer die früheren deutschen Fürstenhäuser, deren Zeit endgültig abgelaufen war. So verstand es auch Faulhaber und wollte deshalb die Kundgebung demonstrativ verlassen, konnte aber in der Eile seinen Hut nicht finden, weil ein kluger Mann ihn in weiser Voraussicht an eine andere Stelle gelegt hatte. Deshalb blieb er, bis Adenauer seine wohlüberlegten Worte zu Ende gesprochen hatte.

Adenauers Ausführungen verursachten auch unter Prälaten und Politikern auf der Ehrentribüne beträchtliche Unruhe. Georg Heim, Mitglied der Bayerischen Volkspartei, raunte vor sich hin: »Schmeißt den Kerl doch hinaus!« Auch rührte sich keine Hand zum Beifall; nur das aus der Menge angestimmte Lied »Großer Gott, wir loben dich« konnte die peinliche Situation retten.

Kardinal Faulhaber ließ es sich freilich nicht nehmen, dem schlagfertigen Oberbürgermeister Adenauer nach der Veranstaltung ein Privatissimum zu erteilen, indem er, noch ganz aufgebracht über die Gegenrede, kritisierte: »Sie haben unserem König nicht die schuldige Achtung erwiesen.« Doch Adenauer, keineswegs bereit, sich in dieser Frage belehren zu lassen, widerstand Faulhaber ein zweites Mal, indem er betonte, der Papst täte ihm leid, wenn alle deutschen Katholiken Verehrer der Monarchie wären.

Bei einer weit verbreiteten Abneigung gegen demokratisches Gedankengut fiel es demokratisch gesinnten Politikern in den katholischen Parteien (Deutsche Zentrumspartei und Bayerische Volkspartei) schwer, Vertrauen und Unterstützung für die junge parlamentarische Demokratie zu gewinnen. Auf der anderen Seite aber konnten demokratiefeindliche Köpfe und Bewegungen wie Adolf Hitler und seine Nationalsozialistische Deutsche Arbeiterpartei (NSDAP) aus diesem antidemokratischen Reservoir leicht Nutzen ziehen für ihre faschistischen Pläne und Ziele.

Da die Katholische Kirche in Deutschland eingebunden war in die vom Vatikan regierte Universalkirche, durfte es den Bischöfen nicht gleichgültig sein, welchen politischen Kurs der Papst in Rom steuerte.

Vatikan und Faschismus in Italien

Die Beziehungen zwischen dem Apostolischen Stuhl, wie die Regierung des Papstes offiziell genannt wird, und dem Königreich Italien blieben nach dem Untergang des Kirchenstaates im Jahre 1870 lange Zeit feindselig. Pius IX. (1846–1878) bezeichnete sich als »den Gefangenen des Vatikans« und ignorierte die mit Krieg herbeigeführte neue politische Lage in Italien völlig.

Die päpstliche Forderung auf Rückgabe des »geraubten« Kirchenstaates verstummte erst mit Benedikt XV. (1914–1922). Er gab der italienischen Regierung zu verstehen, daß auf dem Verhandlungsweg eine beide Seiten zufriedenstellende Lösung des alten Streites erzielt werden könnte. Nach dem 1. Weltkrieg schien ein günstiger Zeitpunkt zur Einigung gekommen zu sein. Benito Mussolini, »der Führer« (Il Duce) der Faschisten, ein erklärter Atheist, signalisierte in seiner berühmten Rede vom 21. Juni 1921 vor dem Parlament die Bereitschaft seiner Partei zur Aussöhnung mit dem Papsttum.

Pius XI. (1922–1939), ehedem Apostolischer Nuntius in mehreren Ländern, führte die Linie seines Vorgängers weiter. Schon im Januar 1923 kam es in der Privatwohnung des Präsidenten der »Banco di Roma« wegen eines Finanzproblems zu einem Geheimtreffen zwischen Mussolini, der seit dem 30. Oktober 1922 Ministerpräsident war, und dem päpstlichen Staatssekretär Kardinal Gasparri. Dabei wurde auch die Kirchenfrage erörtert. Als Vermittler zwischen beiden Parteien sollte fortan der Jesuit Pietro Tacchi Venturi tätig sein.

Um der faschistischen Regierung entgegenzukommen, ließ der Vatikan die katholische Volkspartei Italiens (Il Partito Popolare Italiano) fallen. Deren Gründer und Vorsitzender, der Priester Luigi Sturzo (1871–1959), emigrierte 1924 nach England, weil er wegen seiner Opposition gegen den Faschismus bei vatikanischen und anderen Stellen in Ungnade gefallen war. Sein Weggang beschleunigte das Zurückweichen der christlichen Demokratie in Italien. Vor der Parlamentswahl am 6. April 1924 befleißigte der Vatikan sich starker Reserve, ohne aber die von Faschisten verübten Gewalttaten ganz zu verschweigen.

Die eigentlichen Verhandlungen über die sogenannten Lateranverträge begannen im August 1926 und endeten am 7. Juni 1929 mit der Unterzeichnung. Die damit bewirkte Aussöhnung nach einer fast sechzigjährigen Gegnerschaft zwischen Kirche und Staat bescherte Mussolini einen ungewöhnlich großen Erfolg und trug zur Stabilisierung seiner Diktatur viel bei. Papst-Kirche und Duce-Staat reichten sich nicht nur die Hand, sie gingen ein Stück des Weges Hand in Hand. Von Krisen und Konflikten blieb freilich auch diese »Konkordatsehe« nicht verschont.

Zu einer ersten größeren Kraftprobe kam es 1931 über den Tätigkeitsbereich der Katholischen Aktion. Die Regierung wollte keinesfalls dulden, daß die Azione Cattolica, eine Laienbewegung unter geistlicher Führung, sich auch auf politisch-sozialem Gebiet engagierte; diese Aktivitäten galten als unerlaubte Einmischung in politische Angelegenheiten. Doch Pius XI. ließ sich nicht davon abhalten, den katholischen Organisationen sozialen Einsatz zur Pflicht zu machen, und verurteilte vor allem die Erziehung der Jugend im Geist des Faschismus. Als Folge dieser päpstlichen Maßnahme erklärte Mussolini alle katholischen Jugend- und Studentengruppen für aufgelöst. Darauf wieder reagierte Pius XI. in aller Schärfe mit der Enzyklika »Non abbiamo bisogno« vom 29. Juni 1931. Im Blick auf die Indoktrination der Kinder und Jugendlichen verwarf er Mussolinis »Ideenwelt, die sich erklärtermaßen in eine wahre und eigentliche Staatsvergottung heidnischen Charakters auflöst, die nicht minder mit den natürlichen Rechten der Familie als mit den übernatürlichen Rechten der Kirche in vollendetem Widerspruch steht«. Trotzdem wünschte wohl niemand im Vatikan einen vollständigen Bruch mit dem kirchenfeindlichen Regime; im Gegenteil, der Papst betonte ausdrücklich, daß »keineswegs die faschistische Partei als solche« verurteilt worden sei. Das Verdikt erstrecke sich nur auf jene Teile in Lehre und Praxis, die »mit dem Namen und Bekenntnis eines Katholiken« unvereinbar erschienen. Bei dem im September desselben Jahres erzielten »Vergleich« konnte der Vatikan nur einen Teil seiner Forderungen durchsetzen; er mußte sich arrangieren, um nicht ganz zu unterliegen.

Die Unterwürfigkeit des Vatikans zeigte sich erschreckend

deutlich, als italienische Truppen 1935 in Abessinien einfielen und aus dem Vatikanstaat kein Wort des Protests gegen diese offenkundige Verletzung des Völkerrechts zu vernehmen war. Mussolini zeigte sich für solches »verständnisvolle Schweigen auf der anderen Seite des Tiber« dankbar.

Als der Vatikan ungefähr zur selben Zeit die glaubensfeindlichen Angriffe des Hitlerregimes in Protestnoten beklagte, gab Mussolini dem deutschen Botschafter in Rom aus langjähriger diplomatischer Erfahrung mit der Römischen Kurie den überaus praktischen Ratschlag: »Machen Sie dem Vatikan viele kleine Zugeständnisse, viele, aber kleine: Fahrkarten auf der Bahn für Priester, Geläute von staatlichen Glocken zu kirchlichen Anlässen, Steuerermäßigungen für Kardinäle usw. Auf diese Weise habe ich sie ganz gewonnen, sie haben sogar den Abessinienkrieg zum heiligen Krieg gemacht.«

Amtskirche gegen Nationalsozialismus

Die ersten Anhänger und Mitläufer der von dem ehemaligen Gefreiten Adolf Hitler geführten Nationalsozialistischen Deutschen Arbeiterpartei (NSDAP) setzten sich, wie der als Prediger, Redner und Schriftsteller gleichermaßen bekannte Jesuit Friedrich Muckermann (1883–1946) in seinen »Erinnerungen« festhielt, aus »Abenteurern, verkrachten Studenten, bankrotten Bauern, ja sogar früheren Zuchthäuslern« zusammen. »Mit der Zeit kamen auch aus bürgerlichen Schichten neue Mitglieder hinzu, die, von wirtschaftlicher Not erschüttert und von allgemeiner Unzufriedenheit erfüllt, in der ganz rechts stehenden, von Haß auf die Demokratie getriebenen Hitler-Partei letzte Rettung suchten. Außerdem erhielt diese radikal-politische Richtung beträchtlichen Zuwachs aus solchen kirchlichen Kreisen, für die Autorität, Ordnung und Disziplin höchste Werte darstellten ... Die von der nationalsozialistischen Ideologie beschworene Gemeinschaft stieß in den Herzen einer nach Autorität hungernden und von Konflikten zu Tode ermüdeten Bevölkerung auf echten Widerhall« (David Schoenbaum).

Solange die NSDAP zahlenmäßig gering blieb, erblickten weder die großen Parteien noch die kirchlichen Obrigkeiten in ihr eine ernstzunehmende Gefahr, obgleich Terror- und Gewaltakte eine schlimme Entwicklung unschwer ahnen ließen.

Im Vatikan, der Spitze der Kirchenleitung, machte sich neben Eugenio Pacelli, der das nationalsozialistische Parteiwesen als Nuntius in München und Berlin (1919–1929) genau hatte studieren können und seit 1930 als Kardinalstaatssekretär die Politik des Vatikans entscheidend mitgestaltete, der päpstliche Unterstaatssekretär Pizzardo, ein Freund des italienischen Faschismus, zum offenen Befürworter der nationalsozialistischen Richtung.

Aus dem deutschen Episkopat ragten mit demselben Interesse der Freiburger Erzbischof Gröber, schon als Münsterpfarrer in Konstanz mit Nuntius Pacelli befreundet, und der Berliner Bischof Schreiber als Förderer der »nationalen Bewegung« besonders hervor. Als Dritter im Bunde wirkte der Trierer Kirchenrechtslehrer und (seit 1928) Zentrumsvorsitzende Prälat Ludwig Kaas, dem bei seiner Vorliebe für autoritäre Regierungen das Hitler-Regime willkommen sein mußte. Außerdem übten zwei niedere Kleriker, der Münchener Diözesanpriester Joseph Roth († 1941) – wir werden ihm später im Reichskirchenministerium begegnen – und der Ordensmann Dr. Bernhard Stempfle († 1934), beide glühende Antisemiten in Wort und Schrift, auf Hitler persönlich einen bis heute noch wenig erforschten Einfluß aus.

Die Mehrzahl der Bischöfe freilich stand der NSDAP am Ende der zwanziger und zu Beginn der dreißiger Jahre mit großem Mißtrauen oder klarer Ablehnung gegenüber. Nach der für die Nazis sehr erfolgreichen Reichstagswahl im September 1930 gab das Bischöfliche Ordinariat Mainz auf Anfrage einer Gauleitung der NSDAP die schockierende Auskunft, ein Katholik dürfe nicht eingeschriebenes Mitglied dieser Partei sein, weil sie in grundsätzlichen Fragen gegen die Kirche stehe. Ein Katholik, der trotzdem Parteimitglied werde, sei vom Empfang der Sakramente ausgeschlossen.

Die bayerischen Bischöfe jedoch bezogen in ihrer Verlautbarung vom 10. Februar 1931 eine differenzierte Position, indem sie zwischen Aktivisten (Abgeordnete, Schriftleiter, Agenten) und Mitläufern der Bewegung unterschieden und dementsprechend die kanonische Strafe festsetzten.

Größeres Entgegenkommen noch zeigte die Fuldaer Bischofskonferenz, der aber die bayerischen Bischöfe bis 1933 nicht angehörten. In ihrer Stellungnahme vom 17. August 1932 hieß es: »Ob im Einzelfalle die materielle Zugehörigkeit zur Partei ohne formelle Förderung ihrer kulturellen Ziele und ohne Teilnahme an ihrer Agitation entschuldbar sein kann, z. B. wegen schuldlos irrender Auffassung, wegen Einflusses einer Art Massenpsychose, wegen terroristischen Zwanges, wegen sonst eintretender verhängnisvoller Folgen, bleibt der Beurteilung des Seelsorgers überlassen.« Hier bahnte sich bereits ein allmähliches Einschwenken auf jene Linie an, die nach Hitlers »Machtergreifung« im Januar und der Stabilisierung seiner Herrschaft im Februar und März 1933 von den Bischöfen zur offiziellen Politik der Kirche erklärt werden sollte.

Auch bei den Hauptverantwortlichen im Vatikan vollzog sich innerhalb weniger Monate ein erstaunlicher Gesinnungswandel. Pius XI., anfangs ein unerbittlicher Gegner des rechtsradikalen Nationalsozialismus, ließ in einer Audienz für den bayerischen Gesandten Otto von Ritter Ende 1931 die Überlegung anklingen, ob man bei allen Vorbehalten gegenüber den kirchenfeindlichen Grundsätzen der Nationalsozialisten nicht doch, wenn auch »vielleicht nur vorübergehend für bestimmte Zwecke«, an eine Zusammenarbeit denken könnte, »um dadurch ein noch größeres Übel zu verhindern«. Mit diesem Übel war niemand anderes gemeint als der systematisch vordringende Bolschewismus.

Kardinal Pacelli ging diesen neu eingeschlagenen Weg konsequent weiter. Bei einer vertraulichen Unterredung mit demselben Gesandten Ritter am 2. August 1932 gab er zu bedenken, »ob Zentrum und Bayerische Volkspartei nicht gut daran täten, sich jetzt mehr nach rechts zu orientieren und dort eine für ihre Grundsätze tragbare Koalition zu suchen«. Dieser Gedanke scheint erstmals von Prälat Kaas, dem oft unberechenbaren Führer des Zentrums, an Pacelli herangetragen worden zu sein. Letztlich bestimmte das Triumvirat Pacelli–Gröber–Kaas die Marschroute des deutschen Katholizismus im Dritten Reich.

II. Schrittweiser Rückzug unter Hitlers Schreckensherrschaft

Seit Hitler am 30. Januar 1933 Reichskanzler geworden war und die NSDAP zusammen mit der Deutschnationalen Volkspartei (DNVP) die neue Regierung des Reiches bildete, konnte der vom Vatikan schon früher signalisierte Rechtskurs ohne größere Schwierigkeiten verwirklicht werden. Die Bischöfe erwarteten jetzt vom neuen Reichskanzler und alten Parteiführer Adolf Hitler, daß seine Regierungserklärung kirchen- und christentumsfreundliche Garantien enthielt und damit alle theoretischen sowie praktischen Einwände, die zu den bisherigen kirchlichen Verurteilungen geführt hatten, hinfällig wären. Diese Erwartung wußte Hitler, wie sich noch zeigen wird, großzügig zu erfüllen.

Todfeinde und Duzfreunde zugleich?

Man fragt sich immer wieder bestürzt, wie Bischöfe und Theologen an etwaige Harmonisierungsversuche zwischen Kirche und Nationalsozialismus überhaupt denken konnten. Nach dem 25-Punkte-Programm der NSDAP, nach Hitlers »Mein Kampf« und Rosenbergs »Mythus des XX. Jahrhunderts« konnte es doch nicht den geringsten Zweifel darüber geben, daß der christliche Glaube an die Liebe Gottes zu allen Menschen und die Erlösung aller Menschen durch Jesus Christus in fundamentalem Widerspruch zu der nazistischen Ideologie von der germanischen Rasse und zum totalitären Führerstaat stehen mußte.

Deshalb verurteilte z. B. der Mainzer Bischof Ludwig Maria Hugo († 1935) die sogenannte Weltanschauung der Nationalsozialisten bedingungslos. »Hätten alle gehandelt wie dieser Bischof«, meinte der Jesuit Muckermann, »es hätte vielleicht nie eine Machtergreifung Adolf Hitlers gegeben. Was zum Verhängnis geführt hat, war hier wie immer in der Geschichte die Weichheit, die Kompromisselei, die Halbheit.«

Doch nicht allein der Mainzer Oberhirte war so klarsichtig. Selbst der später so ängstliche und versöhnliche Kardinal Bertram von Breslau erkannte am Anfang, wie aus seinem Entwurf vom 2. Dezember 1930 für eine Instruktion der Bischofskonferenz an die Gläubigen hervorgeht, die nationalsozialistische Gefahr: »Der Nationalsozialismus ist nicht nur eine politische Partei, sondern auch eine Weltanschauung. In dieser Eigenschaft nimmt er zur Religion Stellung und erhebt Forderungen auf religiösem Gebiete.« Namentlich »der Satz: ›Freiheit aller religiösen Bekenntnisse, soweit sie nicht gegen das Sittlichkeits- und Moralgefühl der germanischen Rasse verstoßen‹, ist direkt gegen die christlichen Grundsätze gerichtet; denn er macht das Gefühl einer Rasse zum Richter über religiöse Wahrheiten, über Gottes Offenbarung und über Zulässigkeit des von Gott gegebenen Sittengesetzes. In seinen letzten Konsequenzen leugnet er den universalen Charakter der katholischen Kirche.« Ebenso oder ähnlich lauteten auch alle anderen offiziellen Verlautbarungen des Episkopats, jedoch nur bis zum Jahr 1933.

Eine erste Kurskorrektur der Bischöfe erfolgte, nachdem Hitler am 30. Januar 1933 vom Reichspräsidenten Hindenburg zum Reichskanzler ernannt und damit nach kirchlichem Staatsverständnis zu einer »von Gott bestellten Autorität« erhoben worden war. Eine vollständige Umkehr auf dem bisher so konsequent beschrittenen Weg aber setzte mit der berühmten »Kundgebung« des Gesamtepiskopats vom 28. März 1933 ein. Ob der Berliner Nuntius Orsenigo, seit Jahren schon ein Sympathisant und später ein Förderer des Nationalsozialismus, die Hand dabei im Spiel hatte, ist ungeklärt; sicher steht dagegen fest, daß die Bischöfe, wie der frühere Reichskanzler und Zentrumsführer Heinrich Brüning seinen Memoiren anvertraute, »ohne eine Fühlungnahme mit der Zentrumspartei« sich zu diesem »plötzlichen Frontwechsel gegenüber der NSDAP« entschieden. Brüning zog daraus den Schluß: »Die große Masse der einfachen Wähler mußte jetzt zu der Überzeugung kommen, daß eine Regierung, die so von den Bischöfen behandelt wurde, die Sympathie des Apostolischen Stuhls habe.«

Diesem Meinungsumschwung der Bischöfe war Hitlers Regierungserklärung in der Berliner Kroll-Oper am 23. März 1933 vorausgegangen. Mit satanischer Verstellung gab sich der vielen Deutschen als radikaler Parteiführer in Erinnerung stehende Adolf Hitler jetzt als galanter und seriöser Staatsmann, dem anscheinend das Wohl des ganzen Volkes am Herzen lag, und erschmeichelte sich mit einmaligen Versprechungen das Vertrauen der Kirchenführer. Großsprecherisch erklärte der neue Reichskanzler: »Indem die Regierung entschlossen ist, die politische und moralische Entgiftung unseres öffentlichen Lebens durchzuführen, schafft und sichert sie die Voraussetzung für eine wirkliche tiefe innere Religiosität ... Die nationale Regierung sieht in den beiden christlichen Konfessionen wichtigste Faktoren der Erhaltung unseres Volkstums. Sie wird die zwischen ihnen und den Ländern abgeschlossenen Verträge respektieren, ihre Rechte sollen nicht angetastet werden. Sie erwartet aber und hofft, daß die Arbeit an der nationalen und sittlichen Erhebung, die sich die Regierung zur Aufgabe gestellt hat, umgekehrt die gleiche Würdigung erfährt ... Die nationale Regierung wird in Schule und Erziehung den christlichen Konfessionen den ihnen zukommenden Einfluß einräumen und sicherstellen. Ihre Sorge gilt dem aufrichtigen Zusammenleben zwischen Kirche und Staat ... Ebenso legt die Reichsregierung, die im Christentum die unerschütterlichen Fundamente des sittlichen und moralischen Lebens unseres Volkes sieht, den größten Wert darauf, die freundschaftlichen Beziehungen zum Heiligen Stuhl weiter zu pflegen und auszugestalten.«

Mit diesen Garantien an die Adresse beider Kirchen kam Hitler den Bischöfen, die sich über eine öffentliche Stellungnahme zur nationalsozialistischen Bewegung und entsprechende Richtlinien für die Seelsorger den Kopf zerbrachen, geschickt zuvor. Noch am selben Tag bemerkte Kardinal Bertram in einem Brief an seinen Münchener Amtsbruder Faulhaber: »Situation verändert«, und am folgenden Tag ließ er dem Mitgliedern der Fuldaer Bischofskonferenz sowie Faulhaber als dem Vorsitzenden der bayerischen Bischofskonferenz den Entwurf einer Erklärung zusenden, der dann mit geringfügigen Veränderungen am 28. März 1933 als offizielle »Kundgebung« publiziert wurde.

Der folgenreiche Text lautete: »Die Oberhirten der Diözesen Deutschlands haben aus triftigen Gründen, die wiederholt dargelegt sind, in ihrer pflichtmäßigen Sorge für Reinerhaltung des katholischen Glaubens und für Schutz der unantastbaren Aufgaben und Rechte der katholischen Kirche in den letzten Jahren gegenüber der nationalsozialistischen Bewegung eine ablehnende Haltung durch Verbote und Warnungen eingenommen, die solange und insoweit in Geltung bleiben sollten, wie diese Gründe fortbestehen. Es ist nunmehr anzuerkennen, daß von dem höchsten Vertreter der Reichsregierung, der zugleich autoritärer Führer jener Bewegung ist, öffentlich und feierlich Erklärungen gegeben sind, durch die der Unverletzlichkeit der katholischen Glaubenslehre und den unveränderlichen Aufgaben und Rechten der Kirche Rechnung getragen, sowie die vollinhaltliche Geltung der von den einzelnen deutschen Ländern mit der Kirche abgeschlossenen Staatsverträge durch die Reichsregierung ausdrücklich zugesichert wird. Ohne die in unseren früheren Maßnahmen liegende Verurteilung bestimmter religiös-sittlicher Irrtümer aufzuheben, glaubt daher der Episkopat das Vertrauen hegen zu können, daß die vorbezeichneten allgemeinen Verbote und Warnungen nicht mehr als notwendig betrachtet zu werden brauchen.« Darauf folgte, wie auch in künftigen Schreiben, eine von den Vertretern der neuen Regierung sicher mit großer Genugtuung vernommene Loyalitätserklärung: »Für die katholischen Christen, denen die Stimme ihrer Kirche heilig ist, bedarf es auch im gegenwärtigen Zeitpunkte keiner besonderen Mahnung zur Treue gegenüber der rechtmäßigen Obrigkeit und zur gewissenhaften Erfüllung der staatsbürgerlichen Pflichten unter grundsätzlicher Ablehnung allen rechtswidrigen oder umstürzlerischen Verhaltens.«

Was kaum jemand, von den wenigen Eingeweihten abgesehen, für möglich gehalten hatte, war also innerhalb von fünf Tagen erschreckende Wirklichkeit: die vollständige Kapitulation der Katholischen Kirche vor dem regierenden Nationalsozialismus durch den Mund ihrer bischöflichen Repräsentanten. Siegesbewußt meldete der »Völkische Beobachter«, die offizielle Tageszeitung der NSDAP unter ihrem Chefredakteur Alfred Rosenberg, am 30. März 1933: »Die katholische Kirche gibt Verfemung des Nationalsozialismus auf! Aus dieser Kundgebung ergibt sich wohl, daß die Fuldaer Bischofskonferenz ihre sämtlichen Verfügungen gegen die NSDAP – und somit auch gegen die nationalsozialistischen katholischen Priester – zurückzieht. Wir begrüßen diesen Schritt außerordentlich ... Mit dem neuen Beschluß hat der Episkopat den nunmehr gegebenen unabänderlichen politischen Verhältnissen Rechnung getragen und die nicht mehr haltbare Plattform aufgegeben, auf der er die Jahre über gekämpft hat.«

Die weite Kreise des Kirchenvolkes schockierende Situation läßt sich in etwa vergleichen mit jener wenige Tage zuvor getroffenen Entscheidung über das sogenannte Ermächtigungsgesetz, das Hitler und seiner Regierung das letzte große Hindernis auf dem Weg zu einer legalen Diktatur aus dem Weg geräumt hat. Diesem »Gesetz zur Behebung der Not von Volk und Staat« vom 24. März gaben auch die beiden katholischen Parteien (Zentrum und Bayerische Volkspartei) ihre Zustimmung, obwohl sie damit ihren eigenen Untergang besiegelten. Auch Theodor Heuß, Abgeordneter der Deutschen Volkspartei – später der erste Präsident der Bundesrepublik Deutschland –, entschloß sich nach anfänglichem Widerstreben zu einem Ja, bekannte aber voll Wehmut in seinen noch unveröffentlichten Erinnerungen an die NS-Zeit: »Ich wußte schon damals, daß ich dieses ›Ja‹ nie mehr aus meiner Lebensgeschichte auslöschen könnte.«

Mußte schon die große Eile verwundern, mit der die Bischöfe ihre Meinungsänderung bekanntmachten; weit erstaunlicher wirkte noch, daß die Oberhirten ihre bisherigen Bedenken gegen das teilweise unchristliche Programm des Nationalsozialismus mit einem Schlag über Bord warfen, obwohl doch Hitlers Regierungserklärung am Programm der NSDAP nicht ein Jota geändert hatte. Statt nüchtern und behutsam abzuwarten, ob den für die Kirche erfreulichen Garantieversprechen auch entsprechende Taten folgen würden, wechselte der Episkopat vorschnell ins gegnerische Lager über.

Viele Gemeinsamkeiten trotz großer Unterschiede

Als Reichskanzler konnte Hitler von den katholischen Christen als Staatsbürgern und mehr noch als Christen nahezu unbegrenzten Gehorsam erwarten, weil nach kirchlicher Staatslehre jede Autorität von Gott stammte und deshalb auch mit religiösem Gehorsam respektiert werden mußte. Unter dieser Voraussetzung konnte ein politischer Widerstand gegen die Staatsgewalt, ob als Tyrannenmord oder Revolution, überhaupt nicht in Betracht kommen. Wie die Bischöfe selbst der staatlichen Obrigkeit stets mit aufrichtiger Loyalität begegneten, so ermahnten sie auch das Kirchenvolk immer wieder zu Vaterlandsliebe und Staatstreue.

Überaus bezeichnend ist in dieser Hinsicht die Mentalität des Bischofs Galen von Münster, der selbst in seinen Brandpredigten gegen die Verbrechen der von Hitler angeordneten Euthanasie-Aktion an seiner Treue gegenüber dem Staat nicht den geringsten Zweifel ließ, wenn er bekannte: »Niemals aber hat die Kirche die Rechtmäßigkeit des nationalsozialistischen Regimes infrage gestellt, niemals direkt oder indirekt die verschiedenen Versuche gebilligt, dieses Regime zu stürzen.«

Bei den Motiven für eine positive Einschätzung des nationalsozialistischen Staates wirkte bei den Bischöfen die Erinnerung an jene nach ihrer Meinung segensreiche Verbindung von Staat und Kirche so stark, daß die Künder einer neuen Reichstheologie auch im Episkopat bereitwillig Gehör fanden. Das Motto lautete: Ein Volk – ein Reich – ein Führer! Anstelle des Vielparteienstaates der Weimarer Republik sollte jetzt der Einheitsstaat, der Staat mit einer einzigen Partei und einem einzigen Führer dieser Partei, treten und damit wieder Ordnung in allen Bereichen herrschen.

In einem Kommentar zum sogenannten Röhm-Putsch am 30. Juni 1934, der in Wirklichkeit eine Mordserie ohne Gerichtsverfahren darstellte, schrieb der Staatsrechtslehrer Carl Schmitt: »Der Führer schützt das Recht vor dem schlimmsten Mißbrauch, wenn er im Augenblick der Gefahr kraft seines Führertums als oberster Gerichtsherr unmittelbar Recht schafft ... Der wahre Führer ist auch immer Richter ... Inhalt und Umfang seines Vorgehens bestimmt der Führer selbst.« So wurde die Justiz zum Handlanger der Ungerechtigkeit.

Der Braunsberger Kirchenhistoriker Joseph Lortz (†1975), wegen seiner Broschüre mit dem Titel »Katholischer Zugang zum Nationalsozialismus« als Wegbereiter des Dritten Reich bekannt, lieferte in einem Zeitungsaufsatz dem jungen Hitlerreich diese theologische Begründung: »Unser Volk, unser Reich, steht unter seinem Führer in einem entscheidenden Kampf. Die Sehnsucht von 1000 Jahren deutscher Geschichte will sich endlich zu einem wirklichen Volkwerden in Einheit vollenden ... ›Zu uns komme dein Reich!‹ Diese Bitte hat heute für uns einen besonderen Klang und eine bestimmte Verpflichtung; es geht darum, daß Gottes Reich mit seiner Ankunft unser Drittes Reich erfülle und heilige ... Wenn die berufenen Kinder des Reiches versagen, wird Gott andere Helfer finden.«

Die vielleicht größte Verwandtschaft zwischen der absolutistischen Kirchenführung und dem autoritären NS-Staat lag im Führerprinzip, das mit der Devise »Führer befiehl, wir folgen dir!« im Gegensatz zu jeder parlamentarischen Demokratie stehen mußte. Hitler wußte diese schwache Stelle der kirchlichen Würdenträger raffiniert für seine Ziele auszunutzen, ohne zu verheimlichen, daß er in dieser Hinsicht gerade von der katholischen Kircheninstitution viel lernen konnte. Schon Ende Juni 1930 war er bei einer Tagung für die Presse wie ein Papst aufgetreten: »Und somit proklamiere ich jetzt für mich und meine Nachfolger in der Führung der Nationalsozialistischen Deutschen Arbeiterpartei den Anspruch auf politische Unfehlbarkeit. Ich hoffe, daß sich die Welt daran so schnell und widerspruchslos gewöhnt, wie sie sich an den Anspruch des Heiligen Vaters gewöhnt hat.«

Mehrere Jahre später, am 10. Februar 1937, trug der Leiter der Deutschen Arbeitsfront, Robert Ley, die folgenden Sätze wie ein Glaubensbekenntnis vor: »Adolf Hitler: Wir sind dir allein verbunden: Wir wollen in dieser Stunde das Gelöbnis erneuern: Wir glauben auf dieser Erde allein an Adolf Hitler. Wir glauben, daß der Nationalsozialismus der alleinseligmachende Glaube für unser Volk ist. Wir glauben, daß es einen Herrgott im Himmel gibt, der uns geschaffen hat, der uns führt, der uns lenkt und der uns sichtbar segnet! Und wir glauben, daß dieser Herrgott uns Adolf Hitler gesandt hat, damit Deutschland für alle Ewigkeit ein Fundament werde.« Es fehlte durchaus nicht an Katholiken, die bei solchen Hymnen auf Führer und Staat begeistert mitsangen.

Der katholische Historiker Oskar Köhler machte Adolf Hitler gar zum Stellvertreter Gottes auf Erden, wenn er diesen Vergleich wagt: »Dem einen umfassenden Ziel muß auch der eine Daraufhin-Führende entsprechen. Das natürliche Prinzip des Einen ist eine Spiegelung des Übernatürlichen. Dem einen Gott entspricht der eine höchste Führer.« Wie leicht konnte Hitler angesichts solcher Apotheose sich rühmen, der von Gott gesandte Führer des deutschen Volkes zu sein. Und wie oft sprach er vom »Allmächtigen« und von der »Vorsehung«, um das Volk von seiner göttlichen Sendung zu überzeugen.

Erbost über »den unterschiedlichen Aufmarsch des Episkopats gelegentlich der Wahlen« und den damit verbundenen »lamentablen Eindruck« schrieb Prälat Kaas am 12. Dezember 1933 von Rom an Erzbischof Gröber: »Beim Staat gilt das Führerprinzip, beim Vatikan desgleichen. Wenn der ›Parlamentarismus‹ im Episkopat noch weiter herrscht, so wird die Leidtragende die Kirche sein.« Deutlicher könnte man die Ablehnung des demokratischen Prinzips innerhalb wie außerhalb der Kirche nicht formulieren.

Völlig konsequent rührte Kaas auch keinen Finger zur Verteidigung, als Hitler zu Beginn seiner Regierung die politischen Parteien in ihrer Wirksamkeit beschränkte und bald ganz auflöste. Auch die Bischöfe widersetzten sich diesen politischen Entmündigungsbestrebungen nur mit halbem Herzen und stimmten schließlich im Reichskonkordat, das freilich auf höchster Kirchenebene im Vatikan ausgehandelt worden war, der völligen Entpolitisierung des Klerus zu. Damit schloß sich die Kirche selbst vom politischen Leben aus, anscheinend zufrieden damit, daß ihr innerhalb der Kirchenmauern ein Freiheitsraum garantiert blieb. Dasselbe Recht verlangte sie auch noch für den Religionsunterricht in katholischen Bekenntnisschulen und die Erziehung in kirchlichen Vereinen und Gruppen; sie mußte aber schon bald auf beiden Gebieten den fast vollständigen Rückzug antreten.

Alle diese gemeinsamen Wesenszüge und Lebensinteressen wurden jedoch übertroffen von dem beiden Institutionen gemeinsamen Hauptziel: Vernichtung des Bolschewismus. Auch wenn die Hitleristen im Kommunismus zuallererst das ihnen verhaßte Judentum treffen wollten, die Christen dagegen in erster Linie das gottlose Programm des Marxismus bekämpfen zu müssen meinten, so ergab sich doch eine höchst sonderbare Kampfgemeinschaft zwischen völkisch-rassischen Nationalsozialisten und christgläubigen Katholiken. Bei allen ideologischen Unterschieden, ja, Gegensätzlichkeiten zwischen Christentum und Nationalsozialismus erblickten doch beide im atheistischen Bolschewismus den Todfeind Nr. 1.

Diese kirchliche und staatliche Szenerie stellt sich nicht erst dem heutigen Betrachter rückblickend so dar. Der Publizist Walter Dirks kam schon im Jahre 1931, als die Weimarer Republik bereits im Sterben lag, mit einmaligem Scharfblick zu folgender Analyse: »So wenig Verständnis der Katholizismus für jede Form von Wotanskult und für die Deutschkirche hat, so nahe liegen ihm doch gewisse weniger plumpe Formen der faschistischen Ideologie. Die Worte ›Autorität‹, ›Vertrauen zum Führer‹, ›Ruhe und Ordnung‹ finden ein geneigtes Ohr. Vom Wirtschaftsprogramm der NSDAP zum ›Solidarismus‹, zum ›Ständestaat‹ und ähnlichen im Katholizismus weitverbreiteten Vorstellungen ist kein sehr weiter Weg. Die Front gegen den ›Liberalismus und Materialismus‹, die der Nationalsozialismus behauptet, deckt sich zu einem Teil mit einer entsprechenden katholischen Front, und auch der Antimarxismus wird lebhaft verstanden ... Hier steckt die schwache Stelle des politischen Katholizismus.«

Bischöfe enttäuschen Klerus und Volk

Wie sollten aber die sogenannten Unterhirten, die Pfarrer, Kapläne und Religionslehrer, zu einer realistischen Einschätzung der neuen kirchenpolitischen Verhältnisse fähig sein, wenn die Bischöfe als Oberhirten den nötigen politischen Instinkt vermissen ließen, noch dazu, wenn Ehrfurcht und Gehorsam gegenüber der Autorität zu den höchsten Pflichten nicht nur der Laien, sondern auch des niederen Klerus gehörten?

Bei Instandsetzungsarbeiten der Pfarrkirche zu Steinach a. d. Saale (Diözese Würzburg) im Jahre 1980 entdeckte man in der Turmkugel einige aufschlußreiche Dokumente, darunter ein Blatt, auf dem wenige Zeilen an die Reparatur des Kirchturms im April–Mai 1933 und die allgemeine politische Lage erinnern: »Durch das Ergebnis der Reichstagswahlen 5. Mai 1933 kam die Nationalsozialistische Deutsche Arbeiterpartei unter ihrem Führer Hitler an die Regierung. Hoffentlich gelingt es dem Führer, daß er Deutschland aus seiner Erniedrigung emporführt zum neuen Ansehen und zu neuer Größe. Hitler ist von bestem Willen beseelt ... Das Bild des großen Führers Hitler wird beigelegt.« Diese Worte schrieb der katholische Pfarrer Ludwig Sauer (1880–1949) am 12. Mai 1933 »zur Überlieferung an die Nachwelt« nieder.

Der neuernannte Pfarrer Strehl von Potsdam lud am 6. Juni 1933 Hitler selbst zu seiner Amtseinführung ein, um »öffentlich zu beweisen, daß Katholiken und katholische Priester nicht mehr diffamiert und suspendiert werden, wenn sie der NSDAP angehören, ganz abgesehen von dem gewaltigen Eindruck auf die deutschen katholischen Bischöfe und den Vatikan. Zudem können wir durch Ihre Teilnahme sicher viele katholische Geistliche und Tausende von Katholiken, die immer noch zögernd abseits stehen, für unsere Volkswerdung gewinnen.« Der Pfarrer schloß seine Einladung: »Mit deutschem Gruß und Hitler-Heil«.

Die nazistisch gesinnten Geistlichen stellten aber anfangs nur eine kleine Schar. Eine überwiegende Mehrheit des Seelsorgeklerus ließ sich, wie auch die breite Masse der Katholiken, im Gegensatz zu den Spitzen der Hierarchie nicht so schnell vor den Wagen des Dritten Reiches spannen. »Tatsächlich hat der Instinkt des schlichten katholischen Volkes eher gespürt«, urteilte der mit der herrschenden Stimmung in allen Schichten der Kirche bestens vertraute Jesuit Muckermann, »was eigentlich los war, als der noch so wachsame Geist der Kirchenfürsten. Und die sogenannte niedere Geistlichkeit war eher im Bilde als große Teile der höheren.«

Der Bamberger Diözesangeistliche Dr. Georg Mönius war schon einige Jahre, bevor er als Herausgeber die Richtung der in

München erscheinenden »Allgemeinen Rundschau« bestimmte, für schriftstellerische Aufgaben beurlaubt. Er stellte in der heftig angefochtenen Sondernummer »Nationalsozialismus, Action Française und Faschismus« (7. 3. 1930) diese treffende Diagnose: »Die Ideologie der Nationalsozialisten steht dem römischen Katholizismus diametral gegenüber. Sie ist als Ganzes, als Weltanschauung, in Hinsicht auf Rom der Anti-Christ … Der Katholizismus wird in der Tat berufen sein müssen, einem solchen Nationalsozialismus das Rückgrat zu brechen.«

Wenn alle Führungskräfte der Katholischen Kirche ebenso klar gesehen und auch die nötigen Konsequenzen gezogen hätten, wären nicht »weiteste, auch katholische Volkskreise«, wie der Jesuit Rupert Mayer am 9. September 1930, wenige Tage vor der für die NSDAP erfolgreich verlaufenen Reichstagswahl, an Kardinal Faulhaber schrieb, auf »den Hitler-Schwindel« hereingefallen. So aber zögerten die von Amts wegen zu Wächtern und Rufern bestellten Hirten und nahmen, wenn sie wirklich ihre Stimme erhoben, ungebührlich viel Rücksicht auf Nebensächlichkeiten, statt Irrtum, Unrecht und Gewalt rücksichtslos anzuprangern. Eine Sprache, wie sie der Münchener Geistliche Carl Oskar von Soden, Mitbegründer der Bayerischen Volkspartei, gebrauchte, wäre überall verstanden worden. Nach dem Hitler-Putsch im Münchener Hofbräukeller (1923) hatte er bei seinen Parteifreunden für Hitler einen Galgen vor der Feldherrnhalle gefordert. 1933 verließ er aus Protest die Bayerische Volkspartei, weil sie nicht gegen das Ermächtigungsgesetz gestimmt hatte. Die Politik des Vizekanzlers Franz von Papen lehnte er genauso entschieden ab wie das Reichskonkordat. Kein Wunder, daß er mit dem Münchener Erzbischof Faulhaber in Konflikt geriet und ins Exil ging, getreu seinem Grundsatz: »Fliehen ist besser als schweigen.«

Wie dieser Priester wurde mancher treue Katholik ob der Wankelmütigkeit und Feigheit der Kirchenführer enttäuscht. Der 1933 ohne Pension und sonstige Zuwendung aus dem Amt geworfene Oberbürgermeister und Zentrumsabgeordnete Kaufmann bewarb sich beim Freiburger Erzbischof Gröber um eine ausgeschriebene Stelle in der kirchlichen Finanzverwaltung. Doch der Oberhirte lehnte den studierten Diplomvolkswirt Kaufmann ab und stellte einen SA-Mann ein.

Als die deutschen Bischöfe trotz fortwährender Ausschreitungen und Übergriffe nazistischer Kräfte in den verschiedensten Bereichen nicht mit lautstarkem Protest an die Öffentlichkeit traten, wandte sich unter dem Pseudonym Michael Germanicus ein enttäuschtes Kirchenmitglied mit einem Flugblatt, überschrieben »Aufschrei eines deutschen Katholiken«, an seine Landsleute, um das ebenso bedrückende wie beschämende Schweigen der kirchlichen Autorität bloßzustellen. Überdeutlich stand da geschrieben: »Einpeitscher der glaubensfeindlichen Weltanschauung lachen sich ins Fäustchen, raunen sich untereinander zu und sprechen es offen aus: ›Wir gehen so weit vor, bis wir Widerstand finden; wir hätten nicht gedacht, daß die Bischöfe so wenig Widerstand leisten.‹«

Auch wenn der eine oder andere Bischof im Laufe der nächsten Jahre noch zu einer teilweisen Opposition finden sollte, jetzt in der Anfangsphase, da man den schlimmen Dingen klar und energisch hätte wehren müssen, herrschten weithin Ratlosigkeit, Abwarten, Angst und wohl auch Feigheit.

Ein selbstloses Einstehen der offiziellen Kirche für das Recht und die Freiheit eines jeden Menschen, ob Christ oder Atheist, Jude oder Freimaurer, vermißte der Frankfurter Pfarrer Eckert von der ersten Stunde an. Deshalb richtete er in der Rhein-Mainischen Volkszeitung vom 4. April 1933 harte Vorwürfe an die Adresse der Bischöfe: »Das katholische Volk versteht in weiten Schichten schon seit Monaten nicht das Schweigen und die Passivität des deutschen Episkopats, von dem zweifellos hinter den Kulissen manches geschieht, der sich aber in der Öffentlichkeit gelegentlich nur vor der Regierung ›in tiefer Verehrung‹ verbeugt, ohne gleichzeitig ein klares Wort zu sagen zu all dem offenbaren Unrecht, was heute geschieht, zumal an solchen, die sich jahre- und jahrzehntelang für die Gestaltung des öffentlichen Lebens aus der katholischen Sicht heraus unter dem Segen des Episkopates eingesetzt haben.« Er dachte hier zuerst an die christlichen Politiker, Gewerkschaftsfunktionäre und Jugendführer.

Wer die Augen vor den Terror- und Gewaltakten schon in den ersten Monaten – später nahmen diese katastrophale Ausmaße an – nicht verschloß, mußte wie z. B. der Generalsekretär des

Jungmännerverbandes, Kaplan Jakob Clemens, erschüttert feststellen: »Die in den ersten 5 Wochen des neuen Regimes erlebten Großtaten im Mißbrauch der Gewalt, die Beamtenabsetzung, die Eroberung der Polizei, die Knebelung der Freiheit der Presse, des Rundfunks, der Wahlversammlungen, der Aufzüge zeigen uns den rücksichtslosen Faschisierungswillen der Regierung.« So beschrieb Clemens die allgemeinen Zustände im Verbandsorgan »Jugendpräses«, nichts Gutes ahnend für die Zukunft: »Nach aller Voraussicht werden die kommenden Kämpfe noch schwerer und bitterer werden. Die begonnene Faschisierung nach italienischem Muster wird mit rücksichtsloser Selbstverständlichkeit angestrebt werden.« Unerschrocken mahnte der Kaplan abschließend zum Widerspruch und Widerstand: »Jetzt schon müssen wir einen in eiserner Zucht geschmiedeten Widerstandswillen in uns selbst und in unserem Volke schaffen. Ein Wille kraftvoller Gegenwehr muß über das katholische Deutschland gehen ... Wir dürfen uns nicht den Vorwurf zuziehen, daß wir ›stumme Hunde seien, die nicht bellen.‹« Wenige Jahre später stand Clemens als Angeklagter vor dem Volksgerichtshof in Berlin.

Die Bischöfe ließen es zwar nicht fehlen an Beschwerdeeingaben an höchste Partei- und Regierungsstellen, für das Kirchenvolk und für die gesamte Öffentlichkeit in Deutschland aber blieben sie, von gelegentlichen, freilich meist rücksichtsvollen Hirtenbriefen abgesehen, »stumme Hunde« und setzten damit ihr konziliantes Einvernehmen mit der Hitlerregierung zum Leidwesen vieler Katholiken fort. Und doch hätten sie schon bald allen Grund gehabt, ihren eiligen »Sündenfall« vom 28. März 1933 zu bereuen und, da Hitlers Versicherungen sich mehr und mehr als Lüge und Täuschung entpuppten, zu ihrer früheren Antihaltung zurückzukehren. Ausgesprochen wirklichkeitsfremd mußte es erscheinen, daß sie bei schriftlichen wie mündlichen »Vorstellungen« geradezu ängstlich darauf bedacht waren, für die zahlreichen Ungesetzlichkeiten und Gewaltanwendungen nicht den Reichskanzler selbst verantwortlich zu machen, sondern die untergeordneten Behörden und Organisationen. Die an den Schalthebeln der Partei und Regierung tätigen Hauptfunktionäre konnten über diese törichte Bischofstaktik nur Freude empfinden.

Als ein vortreffliches Beispiel für das taktische Vorgehen des

Episkopats kann Kardinal Faulhabers Protestbrief vom 12. Juni 1933 an den Reichskanzler Adolf Hitler sowie an die für Bayern kompetenten Staatsautoritäten, Ministerpräsident Siebert, Innenminister Wagner und den Politischen Polizeikommandeur Himmler, gelten. So scharf Faulhaber auch die Terrorakte beim Gesellentag in München verurteilte und dabei sogar die Feststellung wagte, »daß ein solcher Eingriff in die religiöse Freiheit der Kirche, die einen für den Sonntag pflichtgemäßen Gottesdienst abhalten will, in der Rätezeit von 1919 nicht vorgekommen ist«, im Schlußsatz nahm er doch Hitler wieder ausdrücklich in Schutz: »Ich weiß, daß derartige Vorkommnisse und derartige Störungen des Gottesdienstes nicht im Sinne unseres Herrn Reichskanzlers liegen, zu dem auch die Katholiken des Reiches mit Vertrauen emporschauen.«

Der Münchener Erzbischof war allerdings nicht so töricht, die angezeigten Ausschreitungen selbst zu entschuldigen, wie es der Päpstliche Protonotar Ludwig Kaas in einem Schreiben aus Rom vom 6. Januar 1934 an den Benediktinerabt Albert Schmitt von Grüssau angesichts fortwährender Rechtsverletzungen demonstrierte. Kaas argumentierte so: »Wenn das, was politisch geschehen ist, in seinen direkten und indirekten Auswirkungen dazu führt, der Kirche Christi in Deutschland neue und wirksame Wege zu solchem Apostolat zu öffnen, dann segne ich als erster dieses Geschehen, trotz der Härten und Bitterkeiten, die es unverdient über viele gebracht.« So leichtfertig und zugleich so unverantwortlich konnte nur ein Mann reden, der bereits im April 1933 zu Konkordatsverhandlungen nach Rom gereist war und nach erfolgreichem Abschluß der Gespräche, als Zentrumsvorsitzender die Partei böse im Stich lassend, sein ganzes Leben lang nie mehr nach Deutschland zurückkehren wollte.

Die Bischöfe stellten sich in der Regel hinter die neue Entwicklung in Staat und Gesellschaft, immer nur darauf bedacht, daß die kirchlichen Rechte und Privilegien unangetastet blieben. Bei einer Versammlung seines Klerus am 23. Janaur 1934 sprach der Bamberger Erzbischof Hauck den Wunsch aus: »Möge das Zusammenwirken von Kirche und Staat ein immer vertrauensvolleres, immer harmonischeres und so auch immer wirkungsvolleres und erfolgreicheres für das Wohl des Volkes werden!«

Das Reichskonkordat: »ein Handschlag mit dem Papsttum«

Der Vatikan hatte erstmals im Jahre 1930, zu einer Zeit also, da der deutsche Episkopat den Nationalsozialismus noch als eine Häresie ablehnte, behutsame Zeichen für eine Verständigung mit der an Mitgliedern und Einfluß erstarkenden NSDAP gegeben, weil diese Partei berechtigte Aussichten bot, vielleicht schon bald ein starker Bundesgenosse gegen den ebenfalls im Vormarsch befindlichen Bolschewismus und ein williger Partner für das schon so lange gewünschte Konkordat zu werden. Nur sechs Monate nach Hitlers Ernennung zum Kanzler kam es am 20. Juli 1933 zur Unterzeichnung eines Konkordats zwischen der Regierung in Berlin und dem Heiligen Stuhl.

Obwohl der Vatikan vor dem Abschluß eines so gewichtigen Vertrages, wie ihn ein Konkordat bedeutet, gründliche und oft langwierige Gespräche und Verhandlungen zu führen pflegt, gingen dem Reichskonkordat, das übrigens heute noch volle Gültigkeit besitzt, nicht mehr als vier Sitzungen voraus. Dabei konnte man freilich auf einen schon seit Jahren ausgearbeiteten, aber wegen der Uneinigkeit zwischen den Reichstagsparteien zu keiner Zeit gebilligten Vertragstext aus der Feder des Nuntius Pacelli, der jetzt als päpstlicher Staatssekretär die Unterredungen leitete, zurückgreifen.

Zu den Hauptanliegen der kirchlichen Seite zählten die grundsätzliche Freiheit der Kirche bei der Erfüllung ihrer seelsorgerlichen Aufgaben und die katholische Bekenntnisschule. Von staatlicher Seite war man zur Erfüllung dieser Forderungen bereit, allerdings um einen hohen Preis, der in zwei neuen Artikeln formuliert war: Beschränkung der katholischen Vereine und Verbände auf rein religiöse, kulturelle oder karitative Aufgaben (Art. 31) und Verbot der politischen Tätigkeit für Welt- und Ordensgeistliche (Art. 32). Der umstrittene Treueid jedes neuernannten Bischofs auf die Regierung war schon in früheren Entwürfen (Art. 16) vorgesehen.

Hitlers spezielles Interesse an einem solchen Konkordat richtete sich vor allem auf das hohe Prestige, das seiner Regierung allein aus der Tatsache eines so feierlichen Vertrages mit dem

Papsttum als einer international geachteten Institution erwachsen und seine innen- und außenpolitischen Pläne stützen würde. Wenig bekannt ist, daß der italienische Faschistenführer Mussolini, der schon 1929 mit dem Vatikan die berühmten Lateranverträge abgeschlossen hatte, den deutschen Kanzler gewiß auch wegen der zu erwartenden politischen Vorteile zu einem ähnlichen Abkommen mit dem Heiligen Stuhl drängte. Auf diese Weise versicherten sich zwei künftige Bundesgenossen frühzeitig der überaus hilfreichen Unterstützung durch die Katholische Kirche. Wer weiß, ob beide Diktatoren ohne diese »Schützenhilfe« des Vatikans ihre politischen Programme überhaupt hätten verwirklichen können? Jedenfalls gewährte der Papst, indem er die Kirche auf den pastoralen Bereich, d. h. letztlich auf den Kirchenraum zurückdrängen ließ, beiden faschistischen Regimen Handlungsfreiheit im gesellschaftspolitischen Raum, statt die kirchliche Präsenz gerade dort, wo die Entscheidungen über individuelle Freiheit oder kollektive Gleichschaltung, über Krieg oder Frieden und ähnliche Fragen von grundsätzlicher Wichtigkeit getroffen werden, mit allem Nachdruck zu fordern und auch energisch zu behaupten. Bei einem unpolitischen Kirchenbegriff freilich, wie er zu dieser Zeit in der obersten Hierarchie die Regel war, verwundert es nicht, daß Papst und Bischöfe aus Freude über die im Konkordat garantierten Kirchenbelange eine ganze Reihe ernster Bedenken ganz einfach vergaßen, nicht zuletzt in der heimlichen Hoffnung, der Hitlerspuk werde nur kurze Zeit dauern.

Kardinal Faulhaber verlieh in einem Brief vom 24. Juli 1933 an Hitler seiner Genugtuung über das Konkordat überschwenglichen Ausdruck: »Was die alten Parlamente und Parteien in 60 Jahren nicht fertig brachten, hat Ihr staatsmännischer Weitblick in sechs Monaten weltgeschichtlich verwirklicht. Für Deutschlands Ansehen nach Westen und Osten und vor der ganzen Welt bedeutet dieser Handschlag mit dem Papsttum, der größten sittlichen Macht der Weltgeschichte, eine Großtat von unermeßlichem Segen ... Uns kommt es aufrichtig aus der Seele: Gott erhalte unserem Volk unseren Reichskanzler.« Bei solchen Lobesworten konnte der Empfänger leichten Herzens überlesen, was in demselben Glückwunschschreiben gewiß als ernst gemeinter Appell enthalten war: »Krönen Sie die große Stunde mit einer großmütigen Amnestie für jene, die ohne Verbrechen, nur wegen einer politischen Gesinnung in Schutzhaft sind und mitsamt ihren Familien seelisch furchtbar leiden.« Von einer Entrüstung über viele Verhaftungen ohne Gerichtsverfahren findet sich kein Wort.

Nur einen Tag nach der Unterzeichnung des Konkordats richtete der dem Nationalsozialismus anfangs sehr gewogene Abt des Benediktinerklosters Maria Laach, Ildefons Herwegen, an die Teilnehmer einer Tagung des Katholischen Akademikerverbandes Worte, die von einem ausgeprägt hierarchischen Kirchenverständnis zeugen: »Der deutsche Mensch steht und handelt unter Autorität, unter Führerschaft, die sich in Stufung und Gliederung zur Hierarchie aufbaut ... Die Totalität des Staates erstreckt sich auf alle Lebensgebiete. Das Konkordat ist eines der Leuchttürme dessen, was gewollt ist. Sagen wir ein rückhaltloses Ja zu dem neuen soziologischen Gebilde des totalen Staates, das durchaus analog gedacht ist dem Aufbau der Kirche. Die Kirche steht in der Welt wie das heutige Deutschland in der Politik. Der Schritt aus der Idee zur Wirklichkeit vollzieht sich nicht immer glatt. Etwas so Ungeheures, wie es sich jetzt vollzieht, kann nicht ohne Leiden sein. Das Leiden hat eine große Funktion innerhalb der Geschichte der Menschheit.« Auf diese Weise lassen sich alle Ungerechtigkeiten und Verbrechen um eines höheren Zieles willen theologisch rechtfertigen. Was hätte da die zitierte Bitte Faulhabers um Amnestie noch für einen Wert haben sollen!

Kann und darf man einzelnen Laien die Schuld geben, wenn sie, von der politischen Naivität ihrer Kirchenautorität verleitet, einen Irrweg beschritten? Marie Amelie von Godin klärte die Leser der in München erscheinenden Wochenschrift »Zeit und Volk« über die Bedeutung des Konkordats mit dem Beitrag »Wo steht die katholische Frau?« (31.3.1934) auf. Darin schrieb sie: »Brauche ich erst noch hervorzuheben, daß der Abschluß des Konkordates (ein Zeugnis nicht nur für die Weisheit des Heiligen Stuhles, sondern auch unserer Regierung) uns katholischen Frauen endgültig aus unserem Zaudern oder gar seelischer Not befreite und das entscheidende Hindernis beseitigte, das allein unsere freudige Hingabe an das Dritte Reich noch hätte vereiteln können: daß es (das Konkordat) die Sorge um unsere Heilige Mutter, die Kirche, von uns nahm: Man sagt wohl manchmal: das Konkordat ist noch nicht überall durchgeführt. Wir aber sind überzeugt, daß es um so vollständiger und rascher in Kraft treten wird, je schneller es gelingt, das gegenseitige Mißtrauen bis zu seiner verborgensten Wurzel zu beseitigen, je vorbehaltloser wir Katholiken mitarbeiten am großen, heiligen Werk der deutschen Erneuerung!«

Auch Theologen blieben nicht verschont von Blindheit in kirchenpolitischen Fragen. Der Dogmatiker Michael Schmaus hielt am 11. Juli 1933 auf Einladung der Katholisch-Theologischen Fachschaft im Auditorium Maximum der Universität Münster einen Vortrag zum Thema »Begegnungen zwischen katholischem Christentum und nationalsozialistischer Weltanschauung«. Im Vorwort zur Broschüre dieses Referats betonte der Autor, seine Rede habe »entspannend und befreiend« gewirkt, und es sei »eine selbstverständliche Forderung der Zeit, sich rückhaltlos in den neuen Staat einzuordnen«. Zum Konkordat bemerkte Schmaus: »Jetzt, wo das Reichskonkordat die Einheit und Harmonie zwischen Kirche und Staat in feierlicher Weise vor der Welt verkündet und garantiert hat, kann der Katholik zu seinem Vertrauen in die Worte des Reichskanzlers das Vertrauen in die Urteilskraft der höchsten kirchlichen Autorität und jeden Gehorsam gegen sie gesellen.«

Waren die Bischöfe wirklich so kurzsichtig und vertrauensselig, fragt man sich nicht erst heute, daß sie die tatsächlichen Ereignisse so stark verkannten und die eigentlichen Absichten der Gegenseite nicht durchschauten? Wohl als einziger sah der Eichstätter Oberhirte Graf von Preysing (ab 1935 Bischof von Berlin) die Gefahren voraus, die mit dem Konkordat auf die Kirche zukommen würden. Deshalb hielt er »Friedensverhandlungen und Friedensschluß vor Waffenstillstand« für unverantwortlich. Erst im Laufe der Jahre wurde seinen Amtskollegen mehr und mehr deutlich, welche Grundhaltung sie von Anfang an hätten einnehmen sollen, und sie bedauerten für sich oder im privaten Kreis, daß der Papst seine Hand zum »Freundschaftsvertrag zwischen dem Heiligen Stuhl und dem Deutschen Reich« – so im Hirtenbrief der Bischöfe vom 5. Mai 1936 – gereicht habe.

Der Jesuit Robert Leiber, ein kenntnisreicher Kirchenhistoriker und Pacellis engster Ratgeber, informierte Kardinal Pacelli in einem ausführlichen Bericht vom 17. August 1933 über die schlimmen Vorgänge in Deutschland. Er hielt es für notwendig, noch vor der Ratifizierung des Konkordats, die am 10. September 1933 erfolgen sollte, konkrete Maßnahmen zu treffen, um hinterher vor bösen Überraschungen verschont zu bleiben. Doch Pius XI. und auch sein mächtiger Staatssekretär konnten sich nicht entschließen, das Konkordat im allerletzten Augenblick noch scheitern zu lassen.

Hitler hatte mit viel größeren Schwierigkeiten gerechnet, vielleicht sogar mit einem Abbruch der Verhandlungen. In der Kabinettssitzung vom 14. Juli 1933 stellte er den von Regierungsseite gemachten Zugeständnissen als nicht hoch genug zu schätzende Vorteile gegenüber, daß der Vatikan überhaupt in Verhandlungen eingewilligt habe, daß die Kirche entgegen seiner Erwartung ein gutes Verhältnis zum nationalen deutschen Staat erstrebe und sich gemäß dem Vertragstext aus dem Vereins- und Parteileben zurückziehe.

Das Reichskonkordat: »ein Fetzen Papier«

»Wenn die katholische Kirche nicht das Vertrauen des Volkes verlieren soll«, bemerkte Pater Leiber in dem erwähnten Bericht vom 17. August 1933, »dürfen ihre Bischöfe und Priester nicht zu allem schweigen.« Doch sie schwiegen in der Öffentlichkeit und verursachten dadurch große Verwirrung im Kirchenvolk.

Dieses Schweigen des Episkopats zu Unrecht und Gewalt – bei gleichzeitigen Lobpreisungen des neuen Staates – bereitete sogar außerhalb der Kirche nicht geringes Ärgernis. Erwein von Aretin, Schriftleiter der »Münchener Neuesten Nachrichten«, einer der ersten Häftlinge im 1933 errichteten Konzentrationslager Dachau, mußte sich zuvor im Gefängnis München-Stadelheim von einem jungen kommunistischen Mithäftling aus Nürnberg die Frage gefallen lassen: »Wo sind denn Ihre Bischöfe? Früher, wenn ein Theaterstück gegeben wurde, das ihnen nicht paßte, da waren sie immer da. Aber jetzt, wo Tausende ermordet werden, geht keiner auf die Kanzel und schnauft auch nur ein

Wort.« Es sollte sich auch bewahrheiten, was der junge Mann voraussagte: »Sie werden sehen, daß die Bischöfe nur die eine Sehnsucht haben, ein Konkordat zu machen, damit sie gesichert sind, und wir können allesamt verrecken!«

Der Jesuit Friedrich Muckermann, nach einem Moment der Irritation, bedingt wohl auch durch die überraschende Kehrtwendung der Bischöfe im März 1933, einer der rücksichtslosesten Gegner des Hitlerismus, durchschaute die Absichten der Naziführer mit dem Konkordat frühzeitig. Das Konkordat war »das geschmeidige Fell«, notierte er Jahre später im englischen Exil, »in das ein Raubtier seine Krallen zurückzog, und es blieb in dieser Haltung, bis endlich das entsetzliche Tier stark genug war, um mit einer Schärfe zuzuschlagen, die man diesem Ungeheuer, das so sanft auf kirchlichem Boden aufzutreten wußte, einfach nicht zugetraut hätte. In der Tat zeigte sich schon bald nach Ratifizierung des Konkordats, daß dieser Vertrag für die Wortführer der Partei und Regierung nichts als ein Fetzen Papier bedeutete und daß es völlig falsch gewesen war, irgendwelche Hoffnungen auf eine genaue Durchführung der wichtigsten Vereinbarungen zu setzen. In den Jahren bis zum Erscheinen der Enzyklika ›Mit brennender Sorge‹ befanden sich viele der besten Söhne und Töchter der Kirche in einer geradezu tragischen Lage, und die Mittelmäßigkeit war es, eine fromm dreinblickende falsche Klugheit und sogar eine sublime Verräterei, die allenthalben die Oberhand zu gewinnen schienen.«

Staatssekretär Kardinal Pacelli rechnete übrigens von der ersten Stunde an mit Vertragsbruch durch Regierungs- und Parteistellen. Am 19. August 1933, als das Konkordat noch nicht einmal ratifiziert worden war, vertraute er dem britischen Geschäftsträger beim Vatikan, Ivon Kirkpatrick, in einem streng vertraulichen Gespräch als seine feste Überzeugung an: »Wenn die deutsche Regierung das Konkordat bräche – und das würde sie bestimmt tun –, hätte der Vatikan einen Vertrag, um darauf einen Protest zu stützen. Auf jeden Fall würden die Deutschen wahrscheinlich nicht alle Artikel des Konkordats gleichzeitig verletzen.« Dies konnte freilich nur ein schwacher Trost sein. Wäre es bei dieser entmutigenden Voraussicht nicht richtiger gewesen, der Naziführung den »Handschlag zwischen Papst und

Reichskanzler«, wie Faulhaber das Konkordat in einem Rund-
brief an den bayerischen Episkopat vom 24. Juli 1933 bewertete,
zu verweigern, zumindest aber die ausgestreckte Hand so lange
zurückzuweisen, bis glaubwürdige Beweise für eine wirkliche
Gesinnungsänderung und handgreifliche Erfolge vorlagen?

Spätere Rechtfertigungsversuche

Sofort nach Beendigung des Krieges, als Hitlers »Tausendjähri-
ges Reich« unter Trümmern begraben lag, suchte Pacelli, der seit
März 1939 als Pius XII. die Römisch-Katholische Kirche regierte, das von ihm unterzeichnete Konkordat als segensvoll zu
verteidigen. Eine Ablehnung des Konkordats, für das alle Bischöfe und ein Großteil der deutschen Katholiken gewesen
seien, hätte schlimme Folgen gebracht. Wörtlich betonte der
Papst im Kreis der Kardinäle: »Immerhin muß man zugeben,
daß das Konkordat in den folgenden Jahren verschiedene Vorteile brachte oder wenigstens größeres Unheil verhütete. Trotz
aller Verletzungen, denen es ausgesetzt war, ließ das Konkordat
den Katholiken tatsächlich eine rechtliche Verteidigungsgrund-
lage, eine Stellung, in der sie sich verschanzen konnten, um von
da aus, solange es ihnen möglich war, sich der ständig steigenden
Flut der religiösen Verfolgung zu erwehren.«

Derselben Argumentation bediente sich Pater Leiber in einem
Nachruf auf den am 9. Oktober 1958 verstorbenen Papst Pius
XII., indem er das Konkordat als »eine Kampfstellung« bezeichnete, »die zwar Stück um Stück vor der Gewalt und dem Vertragsbruch geräumt werden mußte, die aber nie ganz verloren-
ging«.

Diese päpstlich-vatikanische Interpretation des in der Tat
höchst fragwürdigen Konkordatsabschlusses wird bis heute von
einigen wenigen Kirchenapologeten verteidigt, insbesondere
von dem Bonner Historiker Konrad Repgen, wenn er die Meinung vertritt, das Reichskonkordat habe sich als »ein vorzügli-
ches Verteidigungsinstrument für die Bewahrung der Resistenz-
kraft« erwiesen und sei das beste Zeugnis für eine »rechtliche
Nichtanpassung der Kirche an das NS-Regime«. Erst jüngst behauptete er, das Konkordat sei »keine Allianz unter Freunden«,

wohl aber ein »Instrument der Verteidigung gegen das totalitäre System« gewesen. »Es konnte den Kirchenkampf nicht verhindern, aber es machte es der Kirche leichter, ihn durchzusetzen.« Dabei wird völlig außer acht gelassen, daß die Nazis das Vertragswerk wirklich nur als einen Fetzen Papier betrachteten, auf den sie sich freilich immer dann beriefen und mit Recht auch berufen konnten, wenn sie die Kirche, insbesondere den Klerus, wegen politischer Tätigkeit der Gesetzesübertretung bezichtigen wollten. So gereichte das Vertragswerk der Kirche noch zum Schaden.

Die Vatikanzeitung als Richtungsweiser

Die Deutschlandpolitik des Papstes läßt sich in groben Zügen am »L'Osservatore Romano« (OR), der halbamtlichen Zeitung des Vatikans, die dem Titel nach immerhin an das offizielle Organ der NSDAP, den »Völkischen Beobachter«, erinnert, verfolgen.

Der Name Hitler erschien im OR zum ersten Mal in einem Artikel der Ausgabe vom 20. Oktober 1929. Nach dem großartigen Wahlsieg der NSDAP im September 1930 referierte die Zeitung eine Rede des Parteiführers Adolf Hitler, freilich mit bezeichnenden Auslassungen: Angriffe auf das Judentum und die Weimarer Parteien fehlten. In der folgenden Zeit wurden Hitlers Attacken gegen den Bolschewismus sorgfältig registriert. Auffallend sind die mehr oder weniger versteckten Andeutungen im Hinblick auf ein Zusammengehen von Zentrumspolitikern und Nationalsozialisten, wie es auch die Verschiebung der Machtverhältnisse im Reichstag nahelegte. Auf dieser Linie blieb die Redaktion nach dem historischen 30. Januar 1933. Keinen Kommentar wert war in der Ausgabe vom 22. Februar 1933 die schockierende Meldung, daß »diese Woche in der Nähe von Dachau in Bayern das erste Konzentrationslager für 5000 Kommunisten und andere ›Feinde des deutschen Volkes‹ eröffnet« werde. Nachrichten über irgendwelche Maßnahmen oder Verordnungen gegen deutsche Juden sind ganz selten zu finden und stets kurz gehalten. Bei negativen Äußerungen über die Hitlerherrschaft blieb »der Führer« immer ausgenommen und stand

42

somit als unschuldig da. Hitler erntete jedoch stets Lob für seine antimarxistische Politik. Ein Wort des Bedauerns über die Auflösung der katholischen Zentrumspartei und der ebenfalls katholischen Bayerischen Volkspartei sucht man vergebens. Erst als die nazistischen Eingriffe in die kirchliche Jugenderziehung sich häuften und verschärften, folgten Worte der Mißbilligung. Entschiedene Kritik und Verurteilung erfuhr das Neuheidentum im Sinne Rosenbergs, des Hauptideologen der NSDAP, der auch als Schriftleiter des »Völkischen Beobachters« die Verbreitung nazistischer Ideen dirigierte. Während Unterdrückungen der katholischen Kinder- und Jugenderziehung sowie des kirchlichen Pressewesens deutlich herausgestellt wurden, fanden Gesetze und Verfolgungen gegen Juden später nur spärliche Erwähnung.

Erst als der Kirchenkampf vom Jahre 1935 an immer schlimmere Formen annahm und eine längere Verfolgungszeit der Kirche zu erwarten stand, schlug der OR einen schärferen Ton an. Die neue Gangart zeigte sich erstmals in der Ausgabe vom 1. Januar 1936 mit dem Artikel »Der Geist des Nationalsozialismus«, in dem die Ideologie des Naziregimes als Antipersonalismus, Materialismus des Blutes, antirationaler Relativismus und christentumsfeindliche Ethik, mit einem Wort als die Weltanschauung des Antichristen charakterisiert wurde. Damit war jede bisher beachtete Rücksicht gefallen. Im Bereich der Ethik richtete sich die Kritik der Zeitung gegen Sterilisierung und Rassismus. In der Ausgabe vom 2. Oktober 1935 entlarvte der Kommentator die pseudoreligiöse Weltanschauung des NS-Staates: »Die Lehre des Nationalsozialismus hat äußerlich bereits alle Merkmale einer authentischen Religion: einen Propheten als Führer, einen unbeweisbaren Glauben, der die Beziehung zum Übernatürlichen regelt und eine von diesem Glauben gespeiste Moral.« Jetzt gab man auch die Hirtenbriefe der deutschen Bischöfe den Lesern in Auszügen zur Kenntnis, begleitet entweder unmittelbar oder kurz danach von einem gezielten Kommentar. Unter der Spalte »Zur Situation der Katholiken in Deutschland« erfuhr der Leser regelmäßig über Verlautbarungen und Verfahren gegen die Kircheninstitution und einzelne ihrer Organisationen, mitunter auch über Vorgänge in der evangelischen Kirche. Nur über die sich steigernde Bedrückung und Eliminierung der Juden schwieg sich der OR bis zum Ende ganz aus.

Nach dem Tod Pius' XI. im Februar 1939 verfolgte die Vatikanzeitung im Blick auf Deutschland eine völlig neue Taktik der Berichterstattung; ein deutliches Zeichen übrigens dafür, daß der jeweilige Papst der Redaktion für ihre Arbeit mehr oder weniger konkrete Richtlinien vorschrieb. Der neue Papst Pius XII. machte bei einer Audienz für die zum Konklave nach Rom gekommenen deutschen Kardinäle am 6. März 1939 diese aufschlußreiche Aussage: »Ich habe Polemik im Osservatore Romano verboten bis auf weiteres. Ich habe sie dort wissen lassen, sie sollten jetzt kein scharfes Wort sagen. Wir wollen sehen, einen Versuch wagen. Wenn sie den Kampf wollen, fürchten wir uns nicht. Aber wir wollen sehen, ob es irgendwo möglich ist, zum Frieden zu kommen.« Dieses Stillhaltegebot endete freilich bald, weil die kirchenkämpferischen Vorgänge in Deutschland sich verschlimmerten.

Gemeinsamer Feind Nr. 1: Kommunismus

Katholische Kirche und Nationalsozialismus hatten einen gemeinsamen Feind, der sie ihre fundamentalen Grundsätzlichkeiten immer wieder vergessen und verdecken ließ: den Kommunismus in Rußland und in anderen Ländern wie Mexiko und Spanien. Diese ideologische Kampfgemeinschaft betörte die Hierarchie so sehr, daß sie die nicht minder gefährliche Glaubens- und Kirchenfeindlichkeit des Nazismus für weitaus harmloser erachtete als die radikale und offene Kirchenverfolgung der Bolschewisten.

Als General Franco, der Anführer der spanischen Militärrevolte im Juli 1936, die Faschistenführer Mussolini und Hitler um Unterstützung bat, erhielt er sogleich bereitwillige Zusagen. Für Hitlers Beistand war die Überlegung ausschlaggebend, daß bei einer Niederlage Francos der Kommunismus in Spanien und Frankreich den Sieg davontragen würde. Auch aus diesem Grund kam am 1. November 1936 das Bündnis zwischen Rom und Berlin zustande.

Daß die offizielle Kirche stark für Francos Bürgerkriegsziele eingenommen war, erklärt sich vornehmlich aus der Kirchenfeindlichkeit der spanischen Republikaner. Denn auch in Deutschland war nicht verborgen geblieben, daß im Laufe der Revolution ein Dutzend Bischöfe, Hunderte von Ordensschwestern und Tausende von Priestern und Ordensmännern ermordet sowie zahlreiche Kirchen und Klöster niedergebrannt worden waren. Die aus Spanien nach Deutschland dringende Propaganda lieferte freilich ein reichlich verzerrtes Bild von dem Haß der spanischen Kommunisten auf Kirche und Christentum.

Im Vergleich zu den abscheulichen Vorgängen während des spanischen Bürgerkriegs meinten die Kirchenführer mit den Verfolgungsmaßnahmen der Nazis gegen die eigene Kirche noch zufrieden sein zu können. Sie waren darum leicht geneigt, bei ihrem Kampf gegen den Bolschewismus die nicht minder große Gefährdung des Glaubens durch den neuheidnischen Nationalsozialismus zu unterschätzen.

Die Kirche war besonders seit 1935 von Seiten der radikalen Nationalsozialisten einem Vernichtungskampf ausgesetzt, der unter der lügnerischen Parole »Entkonfessionalisierung des öffentlichen Lebens« stand. Der Hauptangriff galt den katholischen Verbänden – infolge der immer noch nicht getroffenen Ausführungsbestimmungen des Artikel 31 im Reichskonkordat blieb weiterhin ungeklärt, welche Vereine und Verbände überhaupt als vom Staat zugelassen betrachtet werden könnten –, den katholischen Presseerzeugnissen und in erster Linie der Bekenntnisschule. Hinzu kamen Diffamierungskampagnen gegen Priester und Ordensleute wegen Devisen- und Sittlichkeitsverstöße, immer mit dem einen Ziel, die Glaubwürdigkeit der Kirche beim Volk zu erschüttern. Trotz alledem sollte die Kirche vorerst noch nicht total ausgemerzt werden, sondern erst einmal vom öffentlichen Bereich weitgehend ausgesperrt und auf ihre rein pastorale Wirksamkeit beschränkt bleiben, wie es nach Auslegung der Nazibehörden im Artikel 32 des Konkordats niedergelegt war.

In ihrem Hirtenbrief vom 9. Januar 1936 beklagten die Bischöfe zwar die fortwährenden Angriffe gegen den christlichen Glauben und die Katholische Kirche mit ihren ebenfalls stark bedrängten Organisationen, sie hüteten sich aber ängstlich, die dafür zuerst Verantwortlichen beim Namen zu nennen, und sprachen immer nur ganz allgemein von »unseren Gegnern«. Am Schluß nahmen sie den Staat und die Partei ausdrücklich in Schutz, wenn es hieß: »So liegt es uns fern, dem Staate oder der Partei selbst damit zu nahe zu treten, wenn es sich um staatliche oder Parteiorgane handelt. Denn wir wissen, daß sowohl der Staat als auch die Partei sich an die Konkordatspflichten halten müssen und es zugleich selber mißbilligen müssen, wenn ihre Organe zu Angriffen gegen die Kirche und den christlichen Glauben mißbraucht werden.«

Wenige Monate später, am 5. Mai 1936, richteten die Bischöfe einen Hirtenbrief eigens an die katholische Jugend, um sie zum Festhalten an Glauben und Kirche zu ermuntern, erwähnten jedoch mit keiner Silbe die Massenverhaftung vom Februar desselben Jahres – darunter der Generalpräses der katholischen Jugend, Prälat Ludwig Wolker, mehrere Jugendkapläne und Laienführer –, die mit dem aufsehenerregenden Rossaint-Prozeß vor dem Berliner Volksgerichtshof endete. Kaplan Dr. Joseph Rossaint wurde zu elf Jahren Zuchthaus und zehn Jahren Ehrverlust verurteilt. Gerade zu diesem Zeitpunkt und bei dieser Gelegenheit wäre ein klarer Appell an die Öffentlichkeit als ein wohltuendes Zeichen bischöflicher Solidarität verstanden worden, zumal da man die meisten Verhafteten illegaler Kontakte mit kommunistischen Gruppen beschuldigte.

Unter deutlichem Hinweis auf »die barbarischen Untaten«, »die ein fanatisierter Pöbel, aufgepeitscht durch die lügnerischen Verheißungen der russischen Sendlinge, zum Entsetzen der ganzen Kulturwelt« in Spanien verübt habe, forderten die Bischöfe in ihrem dritten Hirtenbrief dieses Jahres, mit Datum 19. August 1936, von den Naziführern gemäß dem Konkordat Respektierung des kirchlichen Freiraums, um auch die geistigen Voraussetzungen für den Feldzug gegen den Bolschewismus zu schaffen. »Wenn jetzt Spanien den Bolschewisten erläge«, heißt es, »wäre das Schicksal Europas zwar noch nicht endgültig besiegelt, aber in beängstigende Frage gestellt. Welche Aufgabe damit unserem Volk und Vaterland zufällt, ergibt sich von selbst. Möge es unserem Führer mit Gottes Hilfe gelingen, dieses ungeheuer schwere Werk in Unerschütterlichkeit und treuester Mitwirkung aller Volksgenossen zu lösen!« Über dieser riesengroßen Gefahr im fernen Spanien vergaß der Episkopat zwar nicht ganz die Gefährdung des Glaubens im eigenen Land zu erwähnen. Dieser Mahnruf zum religiösen Frieden, wie ihn das Konkordat verbürgt, mußte jedoch in den Warnungsschreien vor der bolschewistischen Gefahr untergehen.

Ernst Blochs Bischofsschelte

Der atheistische Religionskritiker und Philosoph Ernst Bloch (†1977) kommentierte damals in seinem Prager Exil diesen Brief der deutschen Bischöfe vom 19. August 1936 mit großer Bitterkeit, ja, mit Sarkasmus: »Das ist die Hauptermahnung der Kirche an das Land der Konzentrationslager und Folterkeller, der Judengesetze und Schlachtfeste; ans Exportland des Krieges. Frauen mit bloßen Armen dürfen nicht in die Kirche, doch nackte Juden dürfen ihr eigenes Grab schaufeln. Der härteste Stein des Anstoßes, den das Christentum Roms in Deutschland findet, ist der Kommunismus; die Stehsärge im KZ-Bunker sind ihm weniger interessant ... Selbst mancher gute deutsche Katholik schämt sich des Eindrucks, der Hirtenbrief vermiete die Kirche und wisse vom Christentum nichts Besseres zu rühmen, als daß es eine Apologie des Profits sei; das ist die Verteidigung des christ-katholischen Glaubens im Dritten Reich.« Ferner stieß Bloch sich daran, daß dieses Komplizentum unter Berufung auf das Reichskonkordat verteidigt wurde: »Der Hirtenbrief erweckt den Eindruck, als sei bereits das eilige Konkordat mit Hitler nicht nur mit Schlauheit geschehen, sondern mit Lust und Liebe. Jetzt gar ist der Anschein nicht vermieden, als trüge man Sorge um den allzu friedfertigen Hitler, um den verzögerten Ostkrieg. Der Hirtenbrief warnt die sanften Nazis vor der roten Gefahr, er hetzt den Marxistenfreund Hitler nach allen Seiten zur Intervention.« Von dieser Warte aus mußte Bloch das Konkordat als Bestätigung der Identität mit dem Faschismus erscheinen: »So macht der hohe Klerus (zum Unterschied vom niederen, auch verschwindend wenig weiße Raben hoch droben ausgenommen) die Gleichung Katholizismus gleich Faschismus perfekt.« Ganz so falsch konnte Blochs Interpretation übrigens gar nicht sein, wenn man den Schlußappell des Hirtenschreibens liest: »in charaktervoller Glaubensfestigkeit auszuharren und durch ein gewissenhaftes katholisches Leben auch die staatserhaltende und volksfördernde Kraft unserer göttlichen Religion zu beweisen«. Auffallend ist jedenfalls »das zweierlei Maß, womit das Antichristentum der Nazis und das der Bolschewisten vatikanisch gemessen wird«, wie Bloch ganz richtig konstatiert.

Warum wohl haben die Bischöfe Gottlosigkeit und Kirchenfeindschaft hier nicht mit derselben Entschiedenheit wie dort abgelehnt und bekämpft? Nur deshalb, weil Rußland weit weg war und der deutsche Gegner in Gestalt des Nationalsozialismus mächtig drohend vor der Tür stand? Oder hatte Bloch doch recht, wenn er behauptete: »Nicht ihre kirchenfeindliche Propaganda macht die Bolschewisten der Kirche verrucht (Wuotan und die nazistische Dämonisierung dürften weit teuflischer sein als der schlichte Nichtgott der kommunistischen Atheisten), sondern die Kurie meint die Klasse und setzt auf die kapitalistische, selbst wenn sie Hörner trägt ... Erst recht schweigt die Kurie über die Mord- und Zuchthausserie, wozu das ›positive Christentum‹ Deutschlands geworden ist. Kurz, die Außenpolitik des Vatikans wird, bei jeder Kirchenverfolgung, lediglich nervös, sobald es auch der Ausbeuterklasse an den Kragen geht, als gelte hier der harte Satz: ubi pecunia, ibi ecclesia.«

Ja, und nur einen Tag später, am 20. August 1936, ist der vierte Hirtenbrief dieses Jahres datiert, mit dem man die Bekenntnisschule, längst verloren, noch retten wollte. Als strenge Gewissenspflicht wurde ausgegeben, was nur drei Jahrzehnte später, in der Bundesrepublik Deutschland unter einer von christlichen Parteien getragenen Regierung des katholischen Bundeskanzlers Konrad Adenauer, preisgegeben werden sollte: die konfessionelle Schule. Jetzt aber dozierten die Bischöfe mit vollem Ernst: »Die Hirten der Kirche würden ihrer heiligen Amtspflicht untreu, wenn sie nicht mit allem Nachdruck für die Erhaltung der katholischen Schule einträten.« Sind sie also später tatsächlich untreu geworden?

»Martyrer der Dummheit«?

Für aufmerksame und kritische Beobachter der Zeitverhältnisse – und die Bischöfe müßten dies schon von Berufs wegen sein – stand spätestens 1936 zweifelsfrei fest, daß die Kirchen im totalitären Hitlerstaat auf die Dauer kein Existenzrecht beanspruchen könnten, daß ihre vollständige Vernichtung unausweichlich wäre. Wenn es nicht sogleich zur Verwirklichung dieses Vorhabens kam, lag es einfach daran, daß ein derart weitreichendes und auch schwieriges Unternehmen sich nur Schritt für Schritt durchführen ließ, wobei stets auch auf die jeweilige politische und wirtschaftliche Gesamtlage Rücksicht genommen werden mußte.

Obwohl vielfältige Beeinträchtigungen, langsam zermürbende Schikanen und gewissenlose Verbrechen zur Tagesordnung gehörten, kam es doch zu Beginn der Herrschaft des Nationalsozialismus nicht zu einem genau organisierten und konsequent geführten Kampf gegen die Kirchen. Unter den Verhafteten der ersten Stunde befanden sich neben vielen politischen Gegnern, vor allem Kommunisten und Sozialdemokraten, auch Geistliche als sogenannte ideologische Feinde. Doch die Mehrzahl der Pfarrer wurde bald wieder freigelassen. Kleriker durften im allgemeinen mit größerer Schonung rechnen als opponierende Laien, allen voran die Vorsitzenden und Führer kirchlicher Parteien und Vereine. Indem gerade diese führenden Männer ausgeschaltet wurden, wollte man den politischen Katholizismus zur Strecke bringen. Dagegen hatte es mit den im Bereich der Seelsorge tätigen Pfarrern und Kaplänen vorerst noch Zeit, ausgenommen freilich jene Fälle, in denen Geistliche Katechese und Predigt zu staatsfeindlichen Äußerungen nutzten. Eine einmalige negative Kritik des Führers oder des NS-Regimes konnte ausreichen, um ins Gefängnis oder gar ins KZ eingewiesen zu werden.

Johannes Burkhart (geb. 1904), Pfarrer in der Diözese Augsburg, erinnert sich zweier Predigtäußerungen, derentwegen er 1942 vor das Sondergericht in München gestellt und in das KZ Dachau eingeliefert wurde. Bei einer Predigt in seiner Nachbarpfarrei Biberachzell sagte er: »Johannes den Täufer hat's den Kopf gekostet, weil er die Wahrheit gesagt hat. Und heute sitzen wieder Lumpen an führender Stelle, und es kostet einen wieder den Kopf, wenn man die Wahrheit sagt.« Ein paar Wochen später stellte er als Festprediger in Ettenbeuren die Frage: »Wozu müssen unsere Soldaten ihr Blut in Rußland verlieren, wenn wir den Bolschewismus im eigenen Land haben?« Wenn doch auch die Bischöfe in ihren Hirtenbriefen mit derselben Klarheit aufgetreten wären und ihre Anklagen nicht immer in Formulierungen feinster Diplomatie versteckt hätten!

Obwohl dem Feldzug der Nazis gegen die Kirche keine Kirchenkampf-Gesetzgebung im engen Sinn zugrunde lag, so gab es doch eine Reihe von Bestimmungen, die bei der Verfolgung kirchlicher Gruppen schnell Anwendung fanden, zum Beispiel der Kanzelparagraph, die Feiertagsgesetze, das Versammlungsverbot und das Heimtückegesetz. Nach diesem Gesetz vom 20. Dezember 1934, das partei- und regierungsfeindliche Äußerungen grundsätzlich unter Strafe stellte, wurden zahlreiche Priester angezeigt und zum Teil zu höchst unterschiedlichen Strafen, von Geldbußen in Höhe von 15,– RM bis zur Einweisung ins KZ, verurteilt. Eine häufig verhängte Maßnahme war das Predigt- und Unterrichtsverbot, mit dem widerspenstige Geistliche mundtot gemacht werden sollten.

Von den bischöflichen Ordinariaten gingen immer wieder Mahnungen und Warnungen an »unkluge Geistliche« aus, weil man Konflikte zwischen Kirche und Regierung so weit wie möglich vermieden wissen wollte. Erzbischof Gröber von Freiburg gab bei der Diözesansynode im April 1933 unmißverständlich zu erkennen, »daß die Katholiken den neuen Staat nicht ablehnen dürfen, sondern ihn positiv bejahen und in ihm unbeirrt mitarbeiten müssen, aber mit Würde und mit Ernst, keine Provokation und kein unnützes Martyrertum«. Wahrscheinlich hat der Oberhirte bei dieser Gelegenheit all jene, die den Weg des Widerstandes wählten, als »Martyrer der Dummheit« hingestellt. Und in einem Brief vom 28. Dezember 1933 an Kardinal Pacelli bedauerte Gröber: »Leider war es nicht immer möglich, beim Klerus jene kluge Zurückhaltung und zweckdienliche Überlegung zu erreichen, die unter voller Wahrung des Grundsätzlichen die einzelnen Geistlichen vor Ungelegenheiten schützt.« Von Bischöfen wie Gröber war also keine Hilfe zu erwarten, wenn ein Katholik den Mut aufbrachte, offensichtliches Unrecht beim Namen zu nennen und nicht, wie es in bischöflichen Protestschreiben üblich war, mit Unkenntnis der höchsten Weisungsgeber zu entschuldigen.

In einem Punkt aber stellte sich der Episkopat wie ein Mann hinter oder vor den Klerus, als nämlich eine groß angelegte Verleumdungskampagne ganz Deutschland überflutete, um vor allem Ordensleute ungezählter Devisenvergehen und Sittlichkeitsverfehlungen zu bezichtigen. Daß die plakative Berichterstattung in der Zeitung und die theatralisch inszenierten Schauprozesse gegen einzelne Kleriker und Klöster das ersehnte Ziel verfehlten, lag einerseits an der maßlosen Übertreibung der Propagandisten, andererseits an der geschlossenen Abwehr der Bischöfe, ohne daß aber diese jedes tatsächliche Vergehen leugneten oder ungestraft lassen wollten.

In anderen Fällen, wenn Geistliche oder Laien vor Gericht standen, machten die Bischöfe sich nicht so stark, um den Angeklagten jede nur mögliche Unterstützung zuteil werden zu lassen. Einzelne Proteste wegen Schutzhaft für Geistliche wurden allerdings gründlich desavouiert, wenn z. B. der Augsburger Oberhirte Kumpfmüller am 2. November 1933 in einem Beschwerdebrief an Reichsinnenminister Frick darauf hinwies, »daß wir Verfehlungen unserer Geistlichen gegen den neuen Staat, der uns seit dem 5. März im Sinne unserer religiösen Anschauungen Autorität ist, nie gedeckt haben und nicht decken werden«.

Pater Rupert Mayer – ein Sonderfall

Es mußte sich schon um einen prominenten Geistlichen wie den Münchener Männerseelsorger Rupert Mayer handeln, daß Erzbischof Faulhaber im Juni 1937 bei mehreren Regierungsstellen und bei der Gestapo durch seinen Generalvikar Beschwerde einlegte sowie die Aufhebung des Redeverbots für Mayer und seine Entlassung aus der Haft forderte. Faulhaber selbst stieg am 4. Juli auf die Kanzel der Jesuitenkirche St. Michael in München, um vor dem Hauptkonvent der Männerkongregation eine allgemeine Entrüstung über die Verhaftung des Präses Rupert Mayer zum Ausdruck zu bringen. »Dieser deutsche Mann, der das EK 1 trägt wie der Führer«, so rühmte der Erzbischof den verhafteten Jesuiten in einem höchst unangemessenen Vergleich, »der Schulter an Schulter mit dem Führer gegen die Kommunisten in München auftrat, der vom Führer ein anerkennendes Handschreiben erhielt, sitzt heute hinter Kerkermauern.« Eingehend berichtete der Prediger über seinen Besuch des Paters im Gefängnis Stadelheim. Zum Schluß ermahnte er die Zuhörer, »in dieser blutig ernsten Stunde das Geheimnis des Kreuzes zu erfassen« und Christus und seiner Kirche die Treue zu wahren: »Wenn die Flammenzeichen rauchen, wird die Stunde Männer brauchen, nur am Kreuze wachsen sie.«

Sogar Kardinalstaatssekretär Pacelli, von Faulhaber über die Maßnahmen gegen Pater Mayer genau informiert, verwandte sich beim deutschen Botschafter Diego von Bergen für den mutigen Jesuiten und erbat vom Münchener Kardinal eine Übersicht über alle bisher ergangenen Predigtverbote. Faulhaber kam diesem Wunsch nach, indem er seinem nächsten Schreiben vom 14. Januar 1938 eine Liste mit den Namen von 14 Priestern aus verschiedenen Bistümern beilegte.

Die Gestapo verhaftete Mayer im November 1939 abermals; kurze Zeit später wurde er ein halbes Jahr lang im KZ Oranienburg-Sachsenhausen eingesperrt und später im Kloster Ettal bis Kriegsende interniert.

Wiederum muß man fragen: Warum haben die Bischöfe nicht jede Verhaftung eines Priesters oder Laien mit öffentlichem Protest beantwortet? Und warum hat man nicht, wie in der Bekennenden Kirche, wenigstens die Namen der ins Gefängnis oder Konzentrationslager eingewiesenen Priester in Fürbitten beim Sonntagsgottesdienst genannt, um auf diese Weise das Bewußtsein der Kirchengemeinden für dauernde Rechtsverletzungen wachzuhalten? Die öffentliche Meinung fürchteten die Naziorganisationen noch am meisten.

Kardinal Faulhaber bei Hitler zu Gast

In dem für das Schicksal der Kirche in Deutschland überaus entscheidenden Jahr 1936 kam es am 4. November auf Einladung Hitlers zu einer langen Unterredung zwischen dem Reichskanzler Adolf Hitler und dem Kardinal-Erzbischof Michael Faulhaber auf dem Obersalzberg bei Berchtesgaden. Über diese dreistündige Aussprache – es dürfte übrigens die einzige persönliche Begegnung dieser beiden Männer gewesen sein – machte Faulhaber einen ausführlichen Bericht, den er »streng vertraulich« an alle bayerischen Bischöfe verschickte.

Hitler wußte mit der ihm eigenen Raffinesse den Kirchenfürsten sogleich bei der empfindlichsten Stelle zu packen, indem er sagte: »Überlegen Sie, Herr Kardinal, und sprechen Sie mit den anderen ›Führern der Kirche‹, in welcher Weise Sie die große Aufgabe des Nationalsozialismus, den Bolschewismus nicht Herr werden zu lassen, unterstützen und in ein friedliches Verhältnis zum Staate kommen wollen. Entweder siegen Nationalsozialismus und Kirche zusammen oder sie gehen beide zugrunde.« Und um Faulhabers zu erwartendem Einwand, daß leider auch die Kirche in Deutschland verfolgt werde, zuvorzukommen, fügte »der Führer« sogleich hinzu: »Ich sage Ihnen: Ich werde all das Kleine, was die friedliche Zusammenarbeit stört, wie die Klosterprozesse und die Deutsche Glaubensbewegung, aus der Welt schaffen. Ich will keinen Kuhhandel schließen. Sie wissen, daß ich ein Feind von Kompromissen bin, aber es soll ein letzter Versuch sein.« Mit dieser Alternative wollte Hitler den Kardinal in die Knie zwingen: entweder gemeinsamer Kampf gegen den gemeinsamen Feind Nr. 1 Bolschewismus oder radikale Vernichtung der Kirche, der katholischen wie der evangelischen.

Kardinal Faulhaber brachte dennoch die Rede auf Störfaktoren des Friedens zwischen Staat und Kirche. Dabei verwies er zuerst auf die antichristliche »Deutsche Glaubensbewegung« unter Führung Jakob Wilhelm Hauers, von der Hitler sich aber sogleich distanzierte. Dann beklagte er den Schulkampf, der in erster Linie auf eine Streichung der Bekenntnisschule abziele und das klösterliche Schulwesen ganz zu eliminieren trachte. Hitler schwieg dazu. Schließlich führte Faulhaber Beschwerde über die vielfältigen Beeinträchtigungen der Jugend- und Arbeitervereine, wozu Hitler ganz kurz bemerkte, Vereine seien Staatssache; und schon riß er das Gespräch wieder an sich, um sein Hauptanliegen vorzutragen: die Rassengesetze samt den darauf bezogenen Aktionen (Sterilisierung und Euthanasie). Da in all diesen Punkten eine Einigung ausgeschlossen war, andererseits aber eine Kampfgemeinschaft gegen den Bolschewismus beiden Partnern überaus nützlich, ja, notwendig erschien, sprach Faulhaber die Hoffnung aus, es werde sich trotz fundamentaler Unterschiede in weltanschaulichen Fragen »ein modus vivendi finden, ohne daß man von einem Kampf der Kirche gegen den Staat sprechen muß«. Wenn diese Worte nicht von Faulhaber selbst aufgezeichnet worden wären, müßte man ihre Richtigkeit bezweifeln, da hier von einem taktischen Zusammengehen von Kirche und Nationalsozialismus die Rede ist. Was Hitlers persönliche Religiosität betrifft, notierte der Kardinal: »Der Reichskanzler lebt ohne Zweifel im Glauben an Gott. Er anerkennt das Christentum als den Baumeister der abendländischen Kultur.« In späteren Jahren noch sprach Faulhaber mit Respekt von Hitlers Persönlichkeit. Obwohl er sich wiederholt zu einer weiteren Begegnung anbot, kam es niemals mehr dazu.

In der Öffentlichkeit konnte das Zusammentreffen der prominentesten Vertreter zweier miteinander im Streit liegenden Institutionen nicht verborgen bleiben. Bald kursierten die unterschiedlichsten Gerüchte über diesen Meinungsaustausch. Als der Jesuit Friedrich Muckermann auf Wunsch eines Verlagsdirektors mit Hitler und Göring zusammentreffen sollte, lehnte er eine solche Begegnung ab: »Für Schufte kann man beten, aber nach meinem persönlichen Ehrenkodex gibt man ihnen nicht die Hand, solange sie nicht aufrichtig von ihren Verbrechen abrücken.« Dieser Ehrenkodex galt für den Münchener Oberhirten nicht. Und auch die folgenden Zeilen hätte sich der vom letzten bayerischen König geadelte Michael von Faulhaber von Muckermann ins Stammbuch schreiben lassen können: »Man leistet der Menschheit keinen Dienst, wenn man Zuchthäusler gesellschaftsfähig macht, und man hat seinen Adel längst verschachert, wenn man nicht fühlt, daß Adel verpflichtet, daß er sei-

nem Wesen nach ein solcher Protest gegen alles Gemeine ist, daß
es da einfach eine Gemeinschaft nicht geben kann.«

Anathema gegen den Bolschewismus

Nachdem Hitler in der Unterredung mit Faulhaber eine unmiß-
verständliche Entscheidung des Episkopats für oder gegen den
nationalsozialistischen Staat gefordert hatte, riet der Bamberger
Erzbischof Jakobus Hauck, beim nächsten gemeinsamen Hirtenbrief größtmögliche Vorsicht walten zu lassen. Die Bischöfe
sollten bei ihrer Stellungnahme zunächst den Wunsch nach har-
monischer Zusammenarbeit zwischen Reichsregierung und Kirche beim Aufbau des deutschen Volkes und vornehmlich beim
Abwehrkampf gegen den Bolschewismus bekunden, sodann
auch die feindselige Einstellung weiter nationalsozialistischer
Kreise gegen die Katholische Kirche zum Ausdruck bringen. Es
sei aber unter allen Umständen zu vermeiden, daß das Hirtenwort als »ein Aufruf zum Kampf gegen den nationalsozialistischen Staat angesehen und verdächtigt werden« könnte, weil
sonst die Konsequenzen sehr schlimm wären. Der Bamberger
Oberhirte hätte ohnedies eine schriftliche Antwort an Hitler
einem öffentlichen Hirtenbrief vorgezogen.

Um nun Hitlers Geduld beim Warten auf den Hirtenbrief des
Gesamtepiskopates nicht zu sehr zu strapazieren, gingen die
bayerischen Bischöfe mit einem eigenen Hirtenwort vom 6. Dezember 1936 voraus. Darin bekundeten sie zunächst ihre Freude
über das Bekenntnis des Nationalsozialismus zum »positiven
Christentum« und verwahrten sich gegen alle Kräfte, die im Gegensatz zum »christlichen Bekenntnis und Programm des Führers« das Dritte Reich auf den Boden einer neuen antichristlichen
Weltanschauung stellen wollten, weil die Katholische Kirche
»ein Fremdkörper im deutschen Reich und Volk« sei. Gegenüber den Klagen wegen immer neuer Schikanen auf kirchlichem
und religiösem Gebiet folgte zum Schluß die übliche Versicherung: »Es liegt uns nichts ferner als eine feindliche oder auch nur
ablehnende Haltung gegen die Staatsform und die Staatsregierung
unseres Vaterlandes. Für uns sind die Achtung der Autorität, die
Liebe zum Vaterland, die gewissenhafte Erfüllung der Pflichten

gegen den Staat ein göttliches Gebot.« Direkt an die Adresse Hitlers gerichtet, hieß es: »Der Führer möge versichert sein, daß wir Bischöfe ihn in seinem weltgeschichtlichen Abwehrkampf gegen den Bolschewismus mit moralischen Mitteln in jeder Weise unterstützen.«

Die ausführliche Behandlung des Themas Bolschewismus sollte dem Hirtenbrief des Gesamtepiskopats vom 24. Dezember 1936 vorbehalten sein. Im Mittelpunkt dieser von Hitler geforderten Verlautbarung stand neben kurz gehaltenen Beschwerden über die Unterdrückung der Kirche im eigenen Land die feste Entschlossenheit der Hierarchie, an der Seite des Staates gegen den Bolschewismus zu kämpfen: »Der Führer und Reichskanzler Adolf Hitler hat den Anmarsch des Bolschewismus von weitem gesichtet und sein Sinnen und Sorgen darauf gerichtet, diese ungeheure Gefahr von unserem deutschen Volk und dem gesamten Abendland abzuwehren. Die deutschen Bischöfe halten es für ihre Pflicht, das Oberhaupt des Deutschen Reiches in diesem Abwehrkampf mit allen Mitteln zu unterstützen, die ihnen aus dem Heiligtum zur Verfügung stehen.« Um die Notwendigkeit dieses gemeinsamen Feldzuges glaubhaft zu machen, wurde ein totales Zerrbild des Kommunismus gezeichnet: »Der Gegensatz zwischen Tag und Nacht, zwischen Feuer und Wasser kann nicht größer sein als der Gegensatz zwischen der katholischen Kirche und der bolschewistischen Weltanschauung. Katholische Christen müssen also jede Form des Bolschewismus grundsätzlich und entschieden ablehnen.« Erst nach dieser Klarstellung folgte ein kurzgehaltenes Plädoyer für die unbehinderte Freiheit der Kirche bei der Erfüllung ihrer Aufgaben (Bekenntnisschule, Jugendarbeit, Gottesdienst, Predigt, Seelsorge, Versammlungs- und Pressefreiheit): »Wir Katholiken werden bereit sein, trotz des Mißtrauens, das man uns entgegenbringt, dem Staate zu geben, was des Staates ist, und den Führer in der Abwehr des Bolschewismus und seinen anderen Aufgaben zu unterstützen. Wir müssen aber verlangen, daß der Jugend und dem Volke nicht mehr vorgeredet wird, nach Überwindung des Bolschewismus, des ersten Staatsfeindes, werde die katholische Kirche als zweiter Staatsfeind an die Reihe kommen.« Und abermals folgte ein Treuebekenntnis zum Hitler-Staat: »Dabei wollen aber eure Bischöfe ebenso furchtlos und mit ihnen alle treuen Katholiken die Ehrfurcht vor der staatlichen Autorität bekennen und, was an uns liegt, mit dem Staat in Frieden und Vertrauen zusammenarbeiten. Auch dort, wo wir die Eingriffe in die Rechte der Kirche zurückwiesen, wollen wir die Rechte des Staates auf staatlichem Gebiet achten und am Werk des Führers auch das Gute und Große sehen.« Kardinal Faulhaber, der Verfasser dieses Dokumentes, konnte anscheinend nicht unterscheiden zwischen einer berechtigten Liebe zum Vaterland und einem Staat, der längst schon zu einem Unrechtsstaat geworden war. Hier hätte eine scharfe Trennungslinie gezogen werden müssen – aus Liebe zum Vaterland.

Auch wenn das Hirtenwort manche höchst bedenkliche Aussage enthielt, so vermieden die Bischöfe doch jede glaubensmäßige Kompromittierung und forderten deshalb Hitlers Unmut erneut heraus.

Kardinal Faulhaber übersandte dem Reichskanzler ein Exemplar des Hirtenschreibens und betonte in einem Begleitbrief vom 30. Dezember 1936, das Hirtenwort werde deswegen erst zwei Monate nach ihrer Unterredung auf dem Obersalzberg publiziert, um nicht »als Arbeit auf Kommando« zu erscheinen, »was den Eindruck im Volk abgeschwächt und das Ansehen beider Teile geschädigt hätte … Nunmehr wird der Hirtenbrief in das neue Jahr wie eine Posaune klingen, und auch im Ausland wird man dieses einmütige Bekenntnis der deutschen Bischöfe zum Führer und seinem weltgeschichtlichen Werk, seiner Abwehr des Bolschewismus, nicht überhören können.« Der Brief endete mit dem Wunsch: »Die Vorsehung walte auch weiterhin über Ihrem Werk! In Ehrfurcht und Verehrung Kardinal Faulhaber.«

Enzyklika »Mit brennender Sorge«

Zur selben Zeit, als mancher Bischof in Deutschland immer noch zwischen vorsichtigem Taktieren und energischem Protestieren hin- und herschwankte, kamen Pius XI. und sein Staatssekretär Pacelli zu der Überzeugung, daß jetzt nur noch kompromißloses Opponieren gegen das sich immer totalitärer gebärdende NS-Regime in Betracht kommen könnte. Aus diesem Grund auch wurden drei deutsche Kardinal-Erzbischöfe und zwei Bischöfe für den Januar 1937 zur Berichterstattung und Beratung in den Vatikan gerufen. Daß der Papst die wegen ihres entschiedeneren Kurses bekannten Galen und Preysing – zwei Vettern übrigens – unter der Delegation wünschte, gefiel Kardinal Bertram nicht; er wollte an Stelle von Galen lieber den konzilianten Osnabrücker Bischof Berning dabei haben. Doch im Vatikan beharrte man auf den Münsteraner Oberhirten, der schon mehrmals als tapferer Streiter öffentlich hervorgetreten war, während Berning im Sommer 1935 der Weisung aus Rom, den Titel eines Preußischen Staatsrates niederzulegen, nicht Folge geleistet hatte.

In der dem Staatssekretär Pacelli von Kardinal Schulte überreichten Situationsanalyse hieß es eindeutig, das Hauptziel des Nationalsozialismus sei auf die Vernichtung des Christentums, insbesondere der katholischen Religion, gerichtet. Wenn es nicht schon jetzt zur vollständigen Durchführung komme, geschehe dies mit »Rücksicht auf die Erhaltung und Sicherung der eigenen Machtposition«. Als Fazit bleibe festzuhalten, »daß nach menschlichem Ermessen der Vernichtungskampf gegen die Kirche nur dann haltmachen wird, wenn er auf einen Widerstand stößt, der vom Standpunkt der allgemeinen Machtpolitik des Gegners als bedenklich erscheint, wobei sowohl inner- als außenpolitische Erwägungen eine Rolle spielen könnten«. Eine Aufkündigung des Konkordats befürwortete das Gremium zwar nicht, eine Abberufung des Nuntius dagegen erschien ihm zweckmäßig.

Die Gespräche im Vatikan ergaben Übereinstimmung darüber, daß eine Enzyklika des Papstes ein dringendes Gebot der Stunde sei. Innerhalb von nur drei Tagen legte Kardinal Faulhaber einen noch von mancherlei Rücksichten bestimmten Entwurf vor, den Pacelli dann in mehrwöchiger Arbeit, ihn an vielen Stellen aktualisierend und verschärfend, fast um das Doppelte erweiterte. Wenngleich der Gesamttenor streng theologisch klang, waren konkrete Klagen über Beeinträchtigungen der Kirche in verschiedenen Bereichen nicht zu überhören. Eine prinzipielle Verurteilung der nationalsozialistischen Weltanschauung enthielten die folgenden Sätze: »Wer die Rasse oder das Volk oder den Staat oder die Staatsform, die Träger der Staatsgewalt oder andere Grundwerte menschlicher Gemeinschaftsgestaltung – die innerhalb der irdischen Ordnung einen wesentlichen und ehrengebietenden Platz behaupten – aus dieser ihrer irdischen Wertskala herauslöst, sie zur höchsten Norm aller, auch der religiösen Werte macht und sie mit Götzenkult vergöttert, der verkehrt und fälscht die gottgeschaffene und gottbefohlene Ordnung der Dinge. Ein solcher ist weit von wahrem Gottesglauben und einer solchem Glauben entsprechenden Lebensauffassung entfernt.«

Hitler und seine Paladine nahmen dieses schonungslose Rundschreiben des Papstes ernst und ergriffen, doppelt erbost, weil das Vorhandensein einer Enzyklika den staatlichen Sicherheitsorganen bis zu jenem Sonntag, 14. März 1937, an dem sie von allen Kanzeln verlesen wurde, unbekannt geblieben war, eine Reihe von Rachemaßnahmen wie Beschlagnahme der Exemplare, Einstellung bzw. Enteignung der mit dem Druck beauftragten Druckereien und Verlage sowie Verhaftung einzelner Personen. Als eine etwas später einsetzende Folge ist die Wiederaufnahme der Devisen- und Sittlichkeitsprozesse anzusehen.

Für die Zukunft hing viel davon ab, ob die deutschen Bischöfe das vom Papst gesetzte Zeichen zur Unnachgiebigkeit aufnehmen würden. Doch sie ließen sich abermals, voller Angst vor den zu erwartenden schlimmen Konsequenzen eines geschlossenen Widerstandes, zum Nachgeben und Entgegenkommen verleiten. Der Konferenzvorsitzende Kardinal Bertram zögerte nicht lange, bis er in einem Schreiben vom 27. April 1937 an den Kirchenminister Kerrl diesen selbst als den für die Kirchenpolitik zuständigen Minister und den Reichskanzler Hitler als den für die gesamte Regierungspolitik verantwortlichen Führer in Schutz nahm: »Wo das Wort ›Vernichtungskampf‹ gebraucht ist, handelt es sich keineswegs um die Beurteilung der persönlichen Absichten des Führers oder Euerer Exzellenz.« Als unberechtigt verwarf Bertram ferner den Vorwurf, Papst und Bischöfe mischten sich verbotenerweise in politische Angelegenheiten ein. Dabei verwies er auf die Eingaben an die Reichsregierung, »von denen nicht eine einzige ein politisches Gepräge trägt, sondern alle in ihrer Gesamtheit und jede einzelne dem Schutze der Lebensinteressen der Katholischen Kirche gewidmet sind«. Und um das Maß an Untertänigkeit voll zu machen, versicherte der Kardinal: »Von einer ›feindlichen Einstellung des Klerus‹ gegenüber dem nationalsozialistischen Staate ist dem Episkopate nichts bekannt.«

Diese immer wieder zum Nachgeben bereite Haltung der Bischöfe mußte im treukatholischen Volk und auch beim Großteil des niederen Klerus bittere Enttäuschung hervorrufen. Im Jahr der päpstlichen Enzyklika kursierte in hoher Auflage ein Flugblatt an die Adresse der »hochwürdigsten Herren Erzbischöfe und Bischöfe Deutschlands«, dessen Herkunft bis heute nicht geklärt werden konnte. Der Autor mit dem Pseudonym Michael Germanicus (»Deutscher Michl«), vermutlich ein Geistlicher im mittelfränkischen Raum, faßte seine überaus scharfe Kritik an die bischöflichen Hirten in die Form eines Gebetes, das so lautete:

»Herr und Gott! Vater der Lichter und Gott alles Trostes! Schau die Bedrängnis deines Volkes. Du weißt, wie es allenthalben im katholischen Volke gärt, wie den Frommen im Lande das Herz blutet ob der Meintaten, die gegen die Kirche geübt werden. Du weißt auch, daß die Bischöfe, wie vor 100 Jahren so auch heute wieder stumm sind, uneins und ohne Fühlung miteinander. Keiner schaut über sein Bistum hinaus, jeder ist ängstlich besorgt, daß doch niemand ihm dreinredet, niemand seine persönliche Machtvollkommenheit schmälert. Wir sind wie Schafe ohne Hirten! Unsere Fahnen sehen wir nicht mehr! Kein Prophet ist mehr da: überhaupt ist niemand unter uns, der wüßte, bis wann noch (Ps 73,9)! Exurge Domine, adjuva nos et libera nos propter nomen Tuum!«

Einer brachte doch den Mut auf, um wenigstens im Kreis der überängstlichen und übervorsichtigen Bischöfe seinen Unmut über die nicht länger zu verantwortende Nachlässigkeit der Hirten unmißverständlich zum Ausdruck zu bringen.

Ein Bischof will ausbrechen

Dieses offen bekundete Zurückweichen immer dann, wenn hartes Standhalten notwendig gewesen wäre, mußte die Regierungs- und Parteistellen zu neuen, noch schärferen Maßnahmen gegen die Kirche geradezu ermutigen.

Nur der Berliner Bischof Preysing wollte die seit Jahren geübte Taktik nicht mehr länger verantworten und dachte deshalb an Rücktritt von seinem Amt. Mit einer Denkschrift vom 17. Oktober 1937, die dem Konferenzvorsitzenden Bertram zuging, startete Preysing einen neuen Versuch, den Episkopat zu einer mutigeren Opposition zu bewegen. Hatte er den Versprechungen aus dem Munde Hitlers und »seiner 4 Evangelisten«, wie sie einmal bei einer Konferenz der Bischöfe tituliert wurden, schon von Anfang an mißtraut, so konnte es jetzt für ihn keinen Zweifel mehr geben, daß bei allem, was nach einer Respektierung kirchlicher Interessen aussah, Lüge und Täuschung vorherrschten: »Die Vertragspartner haben bei allen Verhandlungen mit der Kirche sich nur von dem Grundsatz leiten lassen: wieviel müssen wir im gegenwärtigen Stadium des Kampfes unseren Feinden noch einräumen, weil die Umstände es noch nicht erlauben, ihnen alles zu nehmen. So erklärt sich auch, daß die Partei das Konkordat grundsätzlich als nichts anderes als einen Fetzen Papier ansehen muß.« Weil alle bisherigen Verhandlungen, Eingaben und Proteste nutzlos geblieben seien, sah Preysing jetzt nur noch einen Ausweg: Öffentlichkeit und Massenreaktion. Daß auch darin kein sicheres Mittel zur Rettung beschlossen lag, wußte der Bischof deutlich genug. Es war ihm aber ebenso klar, daß alles Resignieren und Anpassen ein Ende finden müßten und die Stunde zu energischem Widerstand längst schon geschlagen habe, auch wenn der Kirche daraus härtere Prüfungen erwüchsen. »Es ist nicht ausgeschlossen, daß der radikalste Flügel der Partei unter Führung der SS auf jeden Fall den Vernichtungskampf gegen die Kirche bis zum Ende treibt. Aber auch in diesem Fall ist es vorzuziehen, für die Freiheit der Kirche unter Widerstand bis zum letzten zu unterliegen, als mit entehrenden und im Grunde lächerlichen Verhandlungen der Partei ihre Arbeit noch zu erleichtern.« Daran knüpfte Preysing fünf konkrete Forderungen, die sich für ihn angesichts der prekären kirchenpolitischen Situation ergaben:

»1. Keinerlei Verhandlungen mit dem Feind, bis er nicht zu einem ehrlichen und tatsächlich durchgeführten Waffenstillstand bereit ist.

2. Endlich Abstand zu nehmen von der Als-ob-Politik und

die geistigen Kräfte und tatsächlichen Vorgänge beim richtigen Namen zu nennen ...

3. Die Sprache und Gedankenführung in den Schreiben des Episkopats an die Reichsregierung muß sich von den bisher beobachteten Regeln feinster Diplomatie abwenden und nach der Devise ›Angriff ist die beste Verteidigung‹ auf eine dem nationalsozialistischen geistigen Empfinden verständliche Form abgestellt werden.

4. Alle wichtigen kirchenpolitischen Schreiben an die Reichsregierung sind nach einer bestimmten Frist dem Klerus zur Kenntnis zu bringen. Damit erreichen sie einen auch heute noch wirksamen Grad der Publizität.

5. Das katholische Volk ist durch kurze aktuelle und den Kirchenkampf in seinen wahren Motiven und Vorgängen aufzeigende Hirtenbriefe aufzuklären.«

Wenige Monate später war der Regensburger Bischof Buchberger, im allgemeinen von langer Geduld und großer Nachsicht erfüllt, ebenfalls zu der Überzeugung gekommen, daß ein Höhepunkt in der Kirchenverfolgung erreicht sei. »Der Kampf gegen Christentum und Kirche hat nun ein Ausmaß und Formen angenommen«, schrieb er am 26. Januar 1938 an Kardinal Bertram, »die zu einer ganz schweren Krisis und Katastrophe führen müssen ... Wenn es noch ein Jahr so fortgeht, wie in der letzten Zeit, dann haben wir nicht mehr viel zu verlieren.« Auch für ihn stand es jetzt außer jedem Zweifel, daß der Episkopat »mit einem Mahnwort und Warnungsruf von erschütterndem Ernst« an das gläubige Volk herantreten müßte, »weil alle Vorstellungen bei Vertretern des Staates erfolglos geblieben sind und erfolglos bleiben werden«.

In den Reihen der Bischöfe wuchs jetzt mehr und mehr die Einsicht, daß die bisherige Beschwichtigungstaktik nicht länger fortgesetzt werden dürfte, da es um Sein oder Nichtsein der Kirche gehe. Doch es kam nicht zu der allgemein als richtig und notwendig erkannten neuen Marschrichtung, weil nicht alle Bischöfe, vor allem nicht Kardinal Bertram, der Vorsitzende der Bischofskonferenz, ein solches Risiko eingehen wollten.

Wäre es jetzt noch zu einem entschiedenen Kurswechsel gekommen, jetzt, da die Zeichen in Deutschland immer mehr auf

Krieg hindeuteten, wer weiß, vielleicht hätte das drohende Schicksal noch abgewendet oder entscheidend abgeändert werden können.

Antijudaismus als Handlanger des Antisemitismus

»Nur wer für die Juden schreit, darf auch gregorianisch singen.« Wenn die Kirche diesem Grundsatz Dietrich Bonhoeffers immer gefolgt wäre, hätte sie nur selten gregorianische Choräle anstimmen dürfen; denn der Antijudaismus, die von Bibel, Theologie und kirchlicher Praxis bezeugte Feindschaft gegen das jüdische Volk, ist so alt wie die Kirche selbst und heute noch unter Katholiken anzutreffen.

Ein kurzer Blick in die Geschichte der Judengesetzgebung und Judenverfolgung genügt, um zu sehen, wie ein kirchlicher Antijudaismus dem nichtkirchlichen Antisemitismus, der nach dem Weltkrieg (1914–1918) in Deutschland wieder stark auflebte, viele Bausteine lieferte, deren sich auch der Katholik und Judenhasser Adolf Hitler geschickt zu bedienen wußte, um seinen Rassenwahn plausibel zu machen und gleichzeitig den germanischen Supermenschen zu propagieren. Daß ihm auch katholische Theologen und Priester dabei willkommene Schützenhilfe leisteten, ist noch wenig bekannt. Zwei Geistliche sind vor allen anderen zu nennen: der Münchener Diözesanpriester Joseph Roth, später in hoher Position im Reichskirchenministerium zu Berlin, und Pater Bernhard Stempfle († 1934), jahrelang Herausgeber des betont antisemitischen »Miesbacher Anzeigers«.

Der Hieronymit Stempfle leitete Hitlers Privatarchiv und war an der Redigierung von Hitlers Buch »Mein Kampf« beteiligt. Sicher überprüfte er die Passagen über das Judentum mit besonderem Interesse und formulierte vielleicht manchen Teil selbst. Daß auch sein »Freund Bernhard« der Röhm-Revolte am 30. Juni 1934 zum Opfer gefallen war, erzürnte Hitler so sehr, daß er den dafür verantwortlichen SS-Mann kurzerhand erschießen ließ.

Joseph Roth, der schon als Kaplan 1923 das Buch »Die Kirche und die Judenfrage« im Verlag der NSDAP veröffentlicht hatte, wußte zwar um die vielen Judenprogrome im Namen der Kirche; er kannte aber ebenso genau die judenfreundlichen Kapitel der Kirchengeschichte und machte der Kirche deshalb zum Vorwurf, daß sie im 18. und 19. Jahrhundert der Judenemanzipation Vorschub geleistet habe und nach 1918 »vollkommen in das philosemitische Fahrwasser« gekommen sei. Kampf gegen das Judentum hieß in seinen Augen Kampf gegen die verjudete Kirche. Deshalb diente auch der judenfreundliche Papst Pius XI. antisemitischen Nationalsozialisten als begehrte Zielscheibe. Solcher Judenfreundschaft wurden neben Kirchenmännern auch Führer und Mitglieder katholisch-politischer Parteien beschuldigt.

Bei einem Kongreß in München 1939 erklärte Roth, zwar noch Mitglied des Klerus, aber als Ministerialrat im Dienst von Hitlers Kirchenministerium: »Wegen seiner mystischen und ideellen Zusammenhänge mit dem Judentum wird der Katholizismus immer ein Gegner der völkischen nationalsozialistischen Weltanschauung sein müssen. Deswegen auch heiße es im § 24 des Programms der NSDAP völlig zutreffend, daß nur jene religiösen Bekenntnisse vom Staat in ihrer Freiheit geschützt werden, die nicht gegen das Sittlichkeits- und Moralgefühl der germanischen Rasse verstoßen. Hiermit war die katholische Kirche grundsätzlich zum Todfeind der NSDAP erklärt.« Der Redner führte noch weiter aus: »Hitler sagte schon 1920 bei einer Versammlung der Deutschen Arbeiterpartei im Münchener Hofbräuhaus prophetisch voraus, was er zwei Jahrzehnte später blutige Wirklichkeit werden ließ: ›Wir wollen den Kampf so lange führen, bis der letzte Jude aus dem Deutschen Reich entfernt ist und wenn es auch zu einem Putsch kommt und noch viel mehr, nochmal zu einer Revolution.‹«

Ebenso klar blickte übrigens auch Kardinal Faulhaber, Kaplan Roths kirchlicher Ordinarius, in die Zukunft, als er in seiner Rede beim 69. Katholikentag in Münster 1930 richtig vorhersagte: »Die nächsten Jahre werden scharfe Auseinandersetzungen bringen über die Frage, ob das Moralgefühl der germanischen Rasse eine sittliche Ordnung aufrichten kann. Die germanische Rasse ist nicht der Gesetzgeber der sittlichen Ordnung, sondern ein Untertan der von Gott gegebenen Sittengesetze.«

Die deutschen Bischöfe haben bereits in der Weimarer Zeit

den Rassismus mit zahlreichen Verlautbarungen verurteilt und sich deswegen dem Verdacht ausgesetzt, mit dem finanzstarken Judentum gemeinsame Sache zu machen. Als jedoch die Regierung Hitlers erstmals am 1. April 1933, getreu dem Programm der NSDAP, harte Boykottmaßnahmen und diskriminierende Verordnungen gegen die jüdischen Bürger durchführen ließ, blieben die Bischöfe in der Öffentlichkeit stumm, statt unüberhörbar laut Protest zu erheben.

Bankdirektor Oskar Wassermann reiste mit Empfehlung des Berliner Domkapitulars Bernhard Lichtenberg von Berlin nach Breslau, um Kardinal Bertram zu sofortigen Interventionen beim Reichspräsidenten und bei der Reichsregierung zu bewegen, erreichte aber nur, daß der Kardinal zunächst einmal die übrigen Erzbischöfe in Deutschland um ihre Meinung fragte. Bertram tat dies jedoch nicht ohne sogleich zu bedenken zu geben, daß es »sich um einen wirtschaftlichen Kampf in einem uns in kirchlicher Hinsicht nicht nahestehenden Interessentenkreis« handle, ein solches Eingreifen als unberechtigte »Einmischung« erscheinen und »in weitesten Kreisen Deutschlands« eine sehr üble Deutung erfahren würde. Entsprechend negativ lauteten dann auch die Antworten aus München und Köln.

Wenige Tage später teilte Kardinal Faulhaber in einem Brief vom 10. April 1933 an Kardinal Pacelli den Grund für die ablehnende Haltung des Episkopats mit: »Das ist zur Zeit nicht möglich, weil der Kampf gegen die Juden zugleich ein Kampf gegen die Katholiken werden würde und weil die Juden sich selber helfen können, wie der schnelle Abbruch des Boykotts zeigt.« So hatte man schon die erste entscheidende Schlacht verloren, ohne überhaupt zum Kampf angetreten zu sein!

Zwei Jahre danach, als der Nürnberger Parteitag der NSDAP im Jahre 1935 die berüchtigten Gesetze gegen die Juden beschlossen hatte, besannen sich einige Bischöfe darauf, ob die Kirche nicht wenigstens den getauften Juden zu Hilfe kommen müßte. Doch selbst in diesem Punkt blieb die kirchliche Unterstützung zaghaft und schwach – zur bitteren Enttäuschung der betroffenen Juden-Christen.

Eine unveröffentlichte Enzyklika

Im Vatikan fand man die Gleichgültigkeit der deutschen Oberhirten in der Judenfrage immer unverständlicher und auch unerträglicher. Bei einer Privataudienz am 22. Juni 1938 betraute Pius XI. den amerikanischen Jesuiten John LaFarge, wegen seines Engagement für die rechtliche Gleichheit aller Rassen in den USA bekannt, mit dem Entwurf einer Enzyklika gegen den Rassismus. Drei Monate später schon lag ein fertiger Text vor, den LaFarge mit zwei anderen Jesuiten (Desbuquois und Gundlach) erarbeitet hatte. Darin war der Antisemitismus als »Kampf um rassische Reinheit« rundweg abgelehnt: »Durch eine solche Verfolgung werden Millionen von Menschen ihrer elementarsten Rechte und bürgerlichen Ehren in ihrem eigenen Vaterlande beraubt. Des gesetzlichen Schutzes gegen Plünderung und Gewalt entbehrend, werden unschuldige Menschen als Verbrecher behandelt ... Antisemitismus wird ein Vorwand zum Angriff auf die geheiligte Person des Erlösers selbst, der Menschengestalt annahm als Sohn einer jüdischen Magd; er wird zum Krieg gegen das Christentum.« Andere Abschnitte klangen freilich nicht so entschieden.

LaFarge übergab das fertige Konzept seinem Ordensgeneral Wladimir Ledochowski, der es erst noch von einem italienischen Jesuiten prüfen ließ, bis es reichlich spät in die Hände des hohen Auftraggebers gelangte. Daß es dann doch nicht mehr zur Veröffentlichung als Enzyklika kam, lag wohl nicht nur an der Krankheit und dem baldigen Tod des Papstes.

Übrigens hatte die vom Judentum zur Katholischen Kirche konvertierte Husserl-Schülerin Edith Stein Papst Pius XI. schon 1933, als sie bereits Karmelitin war, um ein öffentliches Wort zugunsten der geschmähten und unterdrückten Juden gebeten. Weil ihr die gewünschte Privataudienz versagt blieb, unterrichtete Schwester Teresia Benedicta a Cruce – so Edith Steins Ordensname – den Papst in einem versiegelten Brief über dieses dringende Anliegen. Als Empfangsbestätigung erhielt sie aus dem Vatikan den Apostolischen Segen für sich und ihre Angehörigen – mehr nicht. In einem Bericht an ihre Oberin bemerkte sie dazu: »Ich habe aber später oft gedacht, ob ihm dieser Brief nicht

noch manchmal in den Sinn kommen mochte. Es hat sich nämlich in den folgenden Jahren Schritt für Schritt erfüllt, was ich
damals für die Zukunft der Katholiken in Deutschland voraussagte.« Gewiß vergaß Pius XI. den Anstoß der Karmelitin nicht.
Fünf Jahre später empfing er den Jesuiten LaFarge, um ihm die
bereits erwähnte Aufgabe zu übertragen. Daß dies erst und ausgerechnet im Jahr 1938 geschah, hängt wohl auch damit zusammen, daß der Antisemitismus jetzt auch in Italien Fuß faßte und
böse Folgen fürchten ließ.

Es ist immer wieder zu hören, der Papst habe doch schon in
der Enzyklika »Mit brennender Sorge« (1937) den rassischen
Antisemitismus unmißverständlich verurteilt. Wer dieses Doku-
ment genau liest, findet das Wort »Rasse« nur ein einziges Mal,
und zwar im größeren Zusammenhang mit Volk und Staat, während das Wort Juden als Bezeichnung für die im damaligen
Deutschland am meisten gehaßte und verfolgte Volksgruppe
nirgends begegnet. Dies gilt auch für die Hirtenbriefe der deutschen Bischöfe 1938 und in den folgenden Jahren: nirgends das
Wort Jude! Es hätte in der Tat eines eigenen Hirtenbriefes zum
Thema Christen und Juden bedurft, um den damaligen Machthabern in Staat und Partei ebenso wie den katholischen Gläubigen in aller Deutlichkeit zu erklären, daß der sich steigernde
Vernichtungskampf gegen das Volk der Juden ein himmelschrei-
endes Verbrechen sei, an dem kein gewissenhafter Mensch mit-
wirken dürfe.

Das Schweigen des Papstes

Man fragt sich, warum nicht der am 2. März 1939 zum Papst
(Pius XII.) gewählte Kardinal Pacelli den vorliegenden Entwurf
über den Rassismus und Antisemitismus zum Anlaß seiner sogenannten Antrittsenzyklika genommen hat. Ein klärendes Wort
der höchsten Kirchenautorität zum Judenproblem wäre doch
gleichzeitig die einzig richtige und wohl auch wirksamste Reaktion auf die als »Kristallnacht« (9./10. November 1938) bekannten Ausschreitungen gegen jüdische Geschäfte, Synagogen und
Menschen in Deutschland gewesen.

Gewiß, Pius XII. ließ Gedanken aus jenem Entwurf in sein

erstes Rundschreiben »Summi Pontificatus« vom 20. Oktober 1939 einfließen, wenn er von der »natürlichen Einheit des Menschengeschlechtes« redete. Doch es blieb, was die Juden betrifft, bei ganz allgemeinen Andeutungen und größeren Zusammenhängen.

Das Papsttum, die höchste moralische Autorität, wie es auch genannt wird, schwieg ebenso wie die deutschen Bischöfe, in deren Land bereits ungeheuere Verbrechen an Juden begangen worden waren. Und doch sollte dies alles nur eine Vorstufe zu jenem unbeschreiblichen Holocaust des jüdischen Volkes sein.

Eine direkte Intervention sei ganz bewußt vermieden worden, lautet die gängige Entschuldigung, um nicht noch Schlimmeres heraufzubeschwören, wie der Fall der holländischen Bischöfe zeige. Tatsächlich hatte das Eintreten der katholischen Bischöfe in den Niederlanden für ihre jüdischen Mitbürger zur Folge, daß die katholischen Juden, unter ihnen Edith Stein, als erste in das Konzentrationslager Auschwitz deportiert und dort fast ausnahmslos vergast wurden. Heinrich Himmler, Reichsführer der SS, erhielt im September 1942 aus Den Haag betreffend »Judenabschiebung« die Nachricht: »Von den christlichen Juden sind in der Zwischenzeit die katholischen Juden abgeschoben worden, weil die fünf Bischöfe, an der Spitze der Erzbischof de Jonge in Utrecht, die ursprünglichen Vereinbarungen nicht gehalten haben.«

Jedenfalls hatte der Papst in Rom diese Racheaktion der SS erschreckend vor Augen, wenn er Überlegungen darüber anstellte, wozu ihn sein hohes Amt in der Judenfrage verpflichtete. Weil mit einer Reaktion, wie sie in dem von Deutschen besetzten Holland erfolgt war, auch in anderen Fällen zu rechnen gewesen sei, so begründete Pius XII. später sein Schweigen – das ihm Rolf Hochhuth in seinem heftig umstrittenen Theaterstück »Der Stellvertreter« als schwere Schuld anlastet –, habe er auf direkte Proteste zugunsten der verfolgten Juden verzichtet.

Trotzdem ließ den Papst der Gedanke an eine öffentliche Anprangerung des Massenmordes am jüdischen Volk nicht los. Wenn die Aussage der Nonne Pasqualina Lehnert aus dem oberbayerischen Kloster Ebersberg, die Pacelli schon als Nuntius in München und Berlin den Haushalt geführt hatte, in ihrem Erinnerungsbuch »Ich durfte ihm dienen« zutrifft, verfaßte Pius XII. tatsächlich einen vierseitigen geharnischten Protest gegen die nazistische Judenpolitik, verbrannte ihn aber nach reiflicher Überlegung vor ihren Augen im Herd der päpstlichen Küche und verletzte sich dabei auch noch den Daumen. Die Rechnung des Papstes lautete ganz nüchtern so: »Wenn für die Worte des niederländischen Bischofs 40 000 unschuldige Menschen in Konzentrationslagern enden, wird Hitler für die Worte des Papstes mindestens 200 000 internieren.« Doch lassen wir die Küchenszene auf sich beruhen, sie erscheint ohnedies peinlich genug.

Hannah Arendt hielt gerade deshalb das holländische Beispiel für »wertlos, weil wegen der mangelnden Unterstützung dieser Aktion von Seiten Roms die Nazis mit dem holländischen Episkopat so verfahren konnten wie mit irgendeiner anderen Widerstandsgruppe«. So wird aus einer Entschuldigung des schweigenden Papstes eine noch größere Beschuldigung des Papstes eben wegen seines Schweigens.

Selbstverständlich muß man die Gewissensentscheidung Pius' XII. respektieren. Dennoch ist die Frage berechtigt, ob ein pflichtgemäßes Eingreifen bei Verbrechen größten Ausmaßes von der Aussicht auf Erfolg oder Mißerfolg abhängig gemacht werden darf. Damit ließe sich am Ende jede Unterlassung rechtfertigen, weil man niemals mit Sicherheit vorhersagen kann, welche Folgen ein Wort oder eine Tat zeitigen werden.

Daß nicht immer alles genau nach Plan verlief, beweist der Fall Dänemark. Als Mitte des Jahres 1943 die hier lebenden Juden deportiert werden sollten, stellte sich das dänische Volk schützend vor seine jüdischen Mitbürger und rettete dadurch den Großteil, ungefähr 7000 Juden, vor der Vernichtungsmaschine der deutschen Gestapo. Auch wenn diese Rettungsaktion hauptsächlich dem todesmutigen Einsatz eines Angehörigen der deutschen Gesandtschaft in Kopenhagen, Georg Ferdinand Duckwitz, zu danken ist, wäre sie doch nicht gelungen, wenn nicht Tausende von Dänen den lebensbedrohten Juden Obdach und Unterschlupf gewährt hätten, bis diese mit Hilfe illegaler Fluchthelfer auf Booten über den Öresund in Sicherheit gebracht werden konnten.

Erwähnenswert ist das Hirtenwort vom 29. September 1943,

mit dem die dänischen protestantischen Bischöfe klar und geschlossen für die gefährdeten Juden eintraten: »Überall in der Welt, wo Judenverfolgungen aus rassischen oder religiösen Gründen stattfinden, ist es die Verpflichtung der christlichen Kirchen, dagegen zu protestieren.« Die Geschichte des jüdischen Volkes, heißt es zur theologischen Begründung, sei eine Vorbereitung auf die Erlösung aller Menschen. Die Verfolgung der Juden widerspreche der Auffassung vom Menschen und der Nächstenliebe sowie der in der dänischen Verfassung verbürgten Gleichheit aller Bürger vor dem Gesetz. Die dänischen Bischöfe beteuerten zwar auch ihre staatsbürgerliche Loyalität, erhoben aber gleichzeitig im Namen des Gewissens Einspruch gegen jede Verletzung der Gerechtigkeit und erklärten sich bereit, wenn die Stunde es erfordere, »Gott mehr zu gehorchen als Menschen«.

Durfte man einen solchen Hirtenbrief, mit dem die Christen unterrichtet werden sollten, nicht auch von den deutschen Bischöfen erwarten, denen die massenweise Deportierung und Massakrierung jüdischer Mitbürger kein Geheimnis blieb? Doch statt Verteidigung betrieb mancher Bischof eine Beschuldigung der Juden. Der Erzbischof von Freiburg, Conrad Gröber, predigte noch 1941 schlimmen Antijudaismus.

Nicht nur Bischöfe machten sich schuldig, wenn sie für die Verfolgten einer anderen Religion keinen Finger rührten. In Kreisen des Klerus herrschte, nach Ort und Zeit unterschiedlich groß, eine judenfeindliche Stimmung, die im Gespräch, beim Unterricht und in der Predigt gelegentlich zum Vorschein kam. Besonders schlimm war es freilich, wenn Geistliche unliebsame Juden auf die Anklagebank brachten.

Erst kürzlich wurde publik, daß zwei katholische Priester des Bistums Passau im Jahre 1936 gegen zwei jüdische Wäschevertreter Anzeige wegen Betrugs und Heimtücke erstatteten, weil sie beim Verkaufsgespräch von den Juden durch Reiben an den Armen hypnotisiert und so gegen ihren Willen zu einer überhöhten Bestellung verleitet worden seien. Die beiden Juden wurden tatsächlich verurteilt und noch im Gerichtssaal verhaftet. Von ihrem weiteren Leben ist nichts mehr bekannt, so daß sie wohl zu den ungefähr 6 Millionen ermordeter Juden zu zählen sind. Ist dieser Vorgang allein schon beschämend genug, so kommt noch erschwerend hinzu, daß ein CSU-Stadtrat, der im Dienst der Diözese Passau steht, alles daran setzte, um einer Studentin die zu diesem Fall im Passauer Stadtarchiv gelagerten Akten vorzuenthalten.

Eine andere Entschuldigung für das Schweigen der Hierarchie zu den grauenhaften Judenpogromen soll in der Unkenntnis der tatsächlichen Vorkommnisse gegeben sein. Auffallend ist, daß weder der Vatikan noch der deutsche Episkopat dieses Argument sich zu eigen machten. Der Vatikan wußte ebenso wie das Rote Kreuz in Genf frühzeitig um den während der Kriegsjahre verübten Genozid am jüdischen Volk, freilich nicht in dem erst nach Kriegsende bekannt gewordenen millionenfachen Ausmaß, aber doch aufgrund von Informationen und Hilferufen aus offiziellen und mehr noch aus privaten oder halbprivaten Kreisen so viel, daß Nichtwissen als Entschuldigung für das völlige Untätigbleiben ausscheiden muß. Erste genauere Berichte erhielt der Vatikan von Militärpfarrern der in Rußland kämpfenden italienischen Armee 1942, nachdem am 20. Januar desselben Jahres auf der sogenannten Wannsee-Konferenz in Berlin Spitzenvertreter höchster Reichs- und Parteidienststellen unter dem Vorsitz von Reinhard Heydrich die »Endlösung« der Judenfrage beschlossen hatten, und zwar in Ausführung eines Geheimbefehls von Hitler selbst. Nach einer Notiz des päpstlichen Staatssekretariats vom 5. Mai 1943 war spätestens zu dieser Zeit bekannt, daß von den 4,5 Millionen Juden in Polen nur noch ungefähr 100 000 am Leben seien. Sogar der Name des Vernichtungslagers Treblinka scheint hier auf. Wenn der Papst schwieg, dann bestimmt nicht aus Unkenntnis, sondern, wie schon gezeigt, weil er befürchtete, ein lautstarker Protest würde die für den Massenmord verantwortlichen Initiatoren zu noch Schlimmerem reizen. Also konzentrierte man sich auf karitative Hilfen für verfolgte Juden in Italien, vor allem in der Stadt Rom.

Der päpstliche Nuntius in Berlin, Titular-Erzbischof Cesare Orsenigo, stets auf ein konfliktfreies Verhältnis zu den Berliner Partei- und Regierungsbehörden bedacht, wollte einfach nicht wahrhaben, was ihm über die Verbrechen am jüdischen Volk zu Ohren kam. Einmal darauf hingewiesen, daß verfolgte Priester als Martyrer der christlichen Liebe zu gelten hätten, antwortete er, die höchste Caritas bestehe darin, der (offiziellen) Kirche keine Schwierigkeiten zu bereiten.

Bei den deutschen Bischöfen fehlt jeder Hinweis darauf, daß sie wegen vorherzusehender negativer Folgen von einer öffentlichen oder auch nur diplomatischen Verurteilung der Ausrottungsmaßnahmen gegen Juden und andere Minderheitsgruppen abgelassen hätten. In ihrem Hirtenbrief vom 19. März 1943 über die Zehn Gebote lautete die Aussage zum 5. Gebot angesichts Gefängnis, Folter und Mord in Tausenden und Abertausenden von Fällen ganz allgemein: »Tötung ist in sich schlecht, auch wenn sie angeblich im Interesse des Gemeinwohls verübt würde: an schuld- und wehrlosen Geistesschwachen und -kranken, an unheilbar Siechen und tödlich Verletzten, an erblich belasteten und lebensuntüchtigen Neugeborenen, an unschuldigen Geiseln und entwaffneten Kriegs- und Strafgefangenen, an Menschen fremder Rasse und Abstammung.« Wie nahe hätte es doch gelegen, die zu dieser Zeit von den Nazis als »nichtarische Rasse« in eigenen Lagern auf polnischem Gebiet konzentrierten und Tag um Tag zu Tausenden ermordeten Juden unmißverständlich beim Namen zu nennen. Das ist nicht geschehen.

Vereinzelte Judenhelfer

Es gab nur wenige Priester und Ordensleute, dafür aber umso mehr Laien, denen das grausame Schicksal der Juden nicht gleichgültig blieb und die unter Einsatz ihres Lebens unauffällig Hilfe leisteten. Freilich sind die meisten von ihnen nicht einmal dem Namen nach bekannt. Die Liste ist sicher länger, als die in Yad Vashem (Jerusalem) aufgestellte Ehrentafel von Judenrettern dokumentiert.

Allgemein bekannt ist das mutige Auftreten des Berliner Dompropstes Heinrich Lichtenberg, der schon 1933 für die Juden und KZ-Gefangenen in der Kirche beten ließ und wiederholt mit Beschwerden bei offiziellen Behörden vorstellig wurde. Nach zweijähriger Haft im Gefängnis Berlin-Tegel starb er am 23. Oktober 1943 auf dem Transport in das KZ Dachau.

Doch betrachten wir einen bescheideneren Vorgang auf dem Land. Pfarrer Wörner von Mömbris in der Diözese Würzburg verlangte 1936 vom Bürgermeister die Entfernung des antisemitischen Hetzblattes »Der Stürmer« in dem eigens dafür angebrachten »Stürmer-Kasten« auf dem Dorfplatz. Vier Tage vor Weihnachten gab der Pfarrer auf der Kanzel bekannt, daß Glocken und Orgel erst dann wieder erklingen würden, wenn der Stürmer-Kasten beseitigt sei; außerdem würde er am Weihnachtsfest anstatt des feierlichen Hochamtes einen Trauergottesdienst halten. Groß war nun die Aufregung im Dorf. Mit einer Petition, von den Einwohnern bis auf einige wenige Nazis auf dem Gemeindeamt unterschrieben, wollte man den Bürgermeister zwingen. Dieser aber ließ sich nicht unter Druck setzen, sondern ergriff seinerseits die Initiative, indem er 40 SA-Männer aufmarschieren ließ, die einen noch größeren Stürmer-Kasten anbrachten. Dabei kam es zu einem Zusammenstoß zwischen dem SA-Trupp und ungefähr 400 Dorfbewohnern. Sobald jedoch die SA-Männer abgezogen waren, machten sich beherzte Bürger an die Arbeit und entfernten den anstoßerregenden Kasten. Und um ihren Geistlichen vor drohender Verhaftung zu schützen, hielten zehn Männer im Pfarrhaus Nachtwache. Dies alles konnte freilich nicht verhindern, daß der Pfarrer und einige seiner Getreuen von Gestapo-Beamten abgeführt wurden. Nach siebenmonatiger Gefängnishaft verzichtete der Pfarrer auf seine Pfarrstelle, weil der zuständige Bischof Ehrenfried ihm die Unterstützung entzogen hatte.

Antisemitische Tradition

Der deutsche Episkopat sah sich, nachdem die Holocaust-Serie im Deutschen Fernsehen das ganze deutsche Volk in eine selten gekannte Bestürzung versetzt hatte, zu einer Stellungnahme herausgefordert. In ihrer Erklärung vom 31. Januar 1979 betonten die Bischöfe zunächst – entgegen der historischen Wahrheit –, daß die Ablehnung des Nationalsozialismus durch die Katholische Kirche von einer eindrucksvollen Geschlossenheit Zeugnis gebe. Und was den immer wieder geforderten, aber niemals geleisteten Protest gegen den Massenmord an Juden betrifft, heißt es, die Kirche sei dieser Verpflichtung nachgekommen, indem sie in öffentlichen Stellungnahmen die Menschenrechte prinzipiell verteidigt habe. Trotzdem folgte wenigstens ein kleines

»Confiteor«: »Gleichwohl bleibt festzuhalten, daß das Verhalten der Kirche gegenüber einzelnen Stufen der Judenverfolgung kritisch betrachtet werden muß.« Mehr nicht! Während man sonst bei »Kirche« vornehmlich oder ausschließlich an die Kirchenobrigkeit denkt, wurde ausgerechnet hier das Kirchenvolk beurteilt: »In breiten Bevölkerungskreisen Deutschlands gab es eine antisemitische Tradition und damit auch bei Katholiken. Aber die kirchliche Einstellung beruhte auf dem überlieferten Glaubensgegensatz, nicht auf einer rassistischen Ideologie.« Bleibt nur zu fragen, wer für diese judenfeindliche Indoktrination in erster Linie verantwortlich gemacht werden muß und damit die Grundlage für eine rassistische Ideologie geliefert hat. Daß die entsprechenden Reaktionen auf die Boykotts gegen jüdische Geschäfte und vor allem auf die Rassengesetze von 1935 ausblieben, wurde in der Erklärung wieder nur einzelnen Katholiken zur Last gelegt, nicht aber den offiziellen Kirchenvertretern, die doch auch bei diesen Gelegenheiten schwiegen.

Die deutschen Bischöfe hätten sich nur der bewundernswerten, weil wahren Aussage der »Gemeinsamen Synode der Bistümer in der Bundesrepublik Deutschland« (1975) zur Judenproblematik zu erinnern brauchen: »Wir sind das Land, dessen jüngste politische Geschichte von dem Versuch verfinstert ist, das jüdische Volk systematisch auszurotten. Und wir waren in dieser Zeit des Nationalsozialismus, trotz beispielhaften Verhaltens Einzelner, aufs Ganze gesehen, eine kirchliche Gemeinschaft, die erheblich mehr an ihrem eigenen Bestand und am reibungslosen Funktionieren ihrer eigenen Institutionen interessiert war, als am Schicksal dieses verfolgten jüdischen Volkes.« Damit war zwar immer noch nicht alles, aber wenigstens nichts Falsches ausgesagt.

Wen wundert es da noch, wenn der Jude Manès Sperber († 1984) in der Dankrede für die Verleihung des Friedenspreises des Deutschen Buchhandels in der Frankfurter Paulskirche am 16. Oktober 1983 die deprimierenden Worte aussprach: »Eine Trauer, so grenzenlos, daß das Leben einer Generation nicht ausreicht, sie auszuschöpfen. Ja, in meinem tiefsten Innern glaube ich, daß es während zwei oder drei Generationen für Juden meiner Art unwürdig bleiben wird, sich mit den Deutschen zu identifizieren.«

Man müßte ehrlicherweise hinzufügen, daß wir, nach all dem furchtbaren Geschehen, dieser Identifikation auch gar nicht würdig wären, vor allem dann nicht, wenn wir, die Kirche, unsere Mitschuld hartnäckig ableugnen, statt das Versagen einzugestehen und Buße zu tun.

Bei der Bischofssynode im Herbst 1983 setzte sich der Erzbischof von Marseille, Kardinal Roger Etchegaray, mit großem Ernst dafür ein, daß die Kirche die Aussöhnung mit dem Judentum aufrichtig betreiben müsse, denn »solange wir das Judentum aus unserer eigenen Heilsgeschichte ausklammern, werden wir antisemitische Reflexe begünstigen«. Die Kirche müsse, fügte der Kardinal in christlichem Geist hinzu, Abbitte leisten und öffentliche Buße tun für ihre »negative Haltung gegenüber dem jüdischen Volk, die Jahrhunderte währte«.

Gegen Sterilisierung

Das höchste Recht des Menschen ist das Recht auf Leben, über das nach christlichem Glauben Gott allein verfügt. Deswegen auch hat sich die katholische Theologie zu allen Zeiten gegen den Selbstmord, das vom Menschen freiwillig herbeigeführte Ende seines Lebens, ausgesprochen.

Der nationalsozialistische Staat startete schon zu Beginn seiner Herrschaft mit Sterilisierungsverordnungen gegen körperlich und geistig behinderte Menschen einen gottlosen Angriff auf das menschliche Leben und dehnte ihn bald auf bestimmte Rassen, die ihm als minderwertig galten, rücksichtslos aus.

In den katholischen Kirchen wird alljährlich am 2. Sonntag nach Epiphanie der sogenannte Ehe-Hirtenbrief verlesen. Diese Tradition nutzten die Bischöfe am 14. Januar 1934, um den Gläubigen den Standpunkt der Kirche zur Sterilisierung bekanntzumachen. In einem aus diesem Grund eingefügten Abschnitt hieß es, nach katholischer Lehre dürfe man die Sterilisierung weder bei sich selbst vornehmen lassen noch für einen anderen Menschen beantragen. Diese Verlautbarung brachte den Klerus, insbesondere die kirchliche Obrigkeit, in Konflikt mit dem am 14. Juli 1933 in Kraft getretenen Gesetz zur Verhütung erbkranken Nachwuchses.

Ein erstes Nachgeben der Bischöfe wurde allerdings schon daran ersichtlich, daß Kardinal Bertram, einem Rat des Vizekanzlers Franz von Papen folgend, es für zweckmäßig hielt, in dieser speziellen Frage auf ein eigenes Hirtenwort zu verzichten. So blieb es bei dem erwähnten Einschub im Ehe-Hirtenbrief.

Gegen die Euthanasie-Aktion

Ein weitaus schlimmerer Angriff des NS-Staates auf das Leben des Menschen erfolgte zu Beginn des Krieges nicht nur mit dem von Hitler begonnenen Krieg selbst, sondern mit einem speziellen Tötungsplan, den man als Euthanasie-Maßnahmen zu verharmlosen suchte. Ziel der am 1. September 1939 datierten Verordnung war die »Ausmerzung lebensunwerten Lebens«, d. h. die Tötung jener Geisteskranken, die keine körperliche Arbeit leisten konnten. Die unter verschiedenen Tarnbezeichnungen durchgeführten Aktionen, denen 80 000 bis 100 000 unschuldige Menschen zum Opfer gefallen sind – in Grafeneck allein rund 10 000 innerhalb eines knappen Jahres! –, konnten einer breiten Öffentlichkeit lange Zeit verheimlicht werden, weil die Tötungen nur zum kleinen Teil in Heil- und Pflegeanstalten erfolgten. Die Mehrzahl der Kranken wurde an bestimmten Orten (Grafeneck bei Münsingen, Hadamar bei Limburg, Brandenburg a. d. Havel, Bernberg, Hartheim bei Linz und Sonnenstein bei Prina) in eigens dafür gebauten Gaskammern ermordet. Die »Gewissenhaftigkeit« ging so weit, daß im Keller der Tötungsanstalt zu Hadamar aus Anlaß des zehntausendsten Opfers eine Feier stattfand: mit Festrede, Bier und Musik!

Trotz strengster Geheimhaltung drangen Informationen nach draußen. Zu den frühen Mitwissern gehörten die Bischöfe Gröber in Freiburg und Galen in Münster, weil in ihren Bistümern solche Tötungsanstalten lagen. Auf eine ausweichende Antwort des badischen Innenministeriums hin schrieb Gröber am 1. August 1940 an die Reichskanzlei in Berlin und forderte, »das durch das Naturrecht und christliche Gesetz verbotene Verfahren« einzustellen.

Kardinal Bertram protestierte im Namen des gesamten Episkopats mit einem Schreiben vom 11. August 1940 bei Reichsminister Lammers, dem Chef der Reichskanzlei. Dieser Protest beschränkte sich aber in der Hauptsache auf moraltheologische Darlegungen, die der Empfänger »wohlwollend« aufnehmen sollte. Lammers entledigte sich der Angelegenheit, indem er das Schreiben des Kardinals an den dafür zuständigen Innenminister weiterreichte. Eine Antwort wurde nie gegeben.

Hätte nicht wenigstens jetzt, obwohl es schon reichlich spät war, die gesamte Öffentlichkeit über das grauenvolle Mordgeschehen ohne jede Rücksicht auf negative Folgen aufgeklärt werden müssen? Um als Mitwisser nicht mitschuldig zu werden!

Auch Erzbischof Faulhaber wußte um den Ernst der Lage, als er Weihbischof Wienken, dem Kommissar der Bischöfe in Berlin, am 18. November 1940 fast verzweifelt mitteilte: »Wenn es im bisherigen Tempo weitergeht, ist das Hinrichtungswerk in einem halben Jahr getan. Es ist also periculum in mora.« Doch selbst er dachte nicht an eine sofortige Mobilisierung des Kirchenvolkes, sondern begnügte sich zunächst mit einer Beschwerde beim Reichsjustizminister Gürtner. Von derselben Resignation ist Faulhabers Brief vom 1. Dezember 1940 an Pius XII. gekennzeichnet: »Das dämonische Werk der Euthanasie wird trotz unseres wiederholten Protestes in den Anstalten der Geisteskranken fortgesetzt.«

Der Vatikan nahm diese bedrückenden Nachrichten aus Deutschland zum Anlaß, in einer Erklärung des Heiligen Offiziums vom 2. Dezember 1940 die staatlich verordnete Tötung, schon vieltausendfach durchgeführt, kurz und sachlich zu verurteilen, hoffend, daß der deutsche Episkopat wirkungsvollere Schritte unternehmen würde.

In der zweiten Hälfte des Jahres 1940 ging die Zahl der dem Gastod ausgelieferten Menschen in die Tausende. Kirchliche Proteste erfolgten immer nur bei Regierungsbehörden, die Öffentlichkeit blieb davon unberührt. Es dauerte lange, allzu lange, bis der Münsteraner Bischof Graf von Galen das öffentliche Schweigen brach und am 3. August 1941 mit seiner berühmten Predigt in der Lambertikirche zu Münster das Kirchenvolk wachrüttelte. Dieser Schritt auf die Kanzel stellte in der Tat einen besonders mutigen Alleingang dar.

Mehrere Wochen zuvor noch war beim Sonntagsgottesdienst

eine Erklärung der deutschen Bischöfe vom 26. Juni verlesen worden, in der nur ganz allgemein die Tötung eines Unschuldigen außerhalb des Krieges und der gerechten Notwehr verurteilt war; die Euthanasieaktion fand keinerlei Erwähnung. Im Vordergrund des Hirtenwortes standen die gewohnten Klagen über mannigfache Behinderungen des religiös-kirchlichen Lebens. In der von Erzbischof Gröber entworfenen, von Kardinal Bertram aber abgemilderten Denkschrift des Episkopats an die Reichsregierung vom 12. Juli 1941 fand sich neben den üblichen Beschwerden eine Erinnerung an »Vorstellungen von 1934 und 1940 gegen die behördlichen Maßnahmen zur Vernichtung sogenannten lebensunwerten Lebens«.

Bischof Galen erstattet Anzeige

Bischof Galen, schon seit längerer Zeit mit dem rein passiven Abwehrkampf des Episkopats höchst unzufrieden, fühlte sich jetzt verpflichtet, das konkrete Verbrechen der Euthanasie deutlich beim Wort zu nennen und öffentlich anzuprangern. Deshalb auch hatte er dem erwähnten gemeinsamen Hirtenwort diese Erläuterung eingefügt: »Seit einigen Monaten hören wir Berichte, daß aus Heil- und Pflegeanstalten für Geisteskranke auf Anordnung von Berlin Pfleglinge, die schon länger krank sind und vielleicht unheilbar erscheinen, zwangsweise abgeführt werden. Regelmäßig erhalten dann die Angehörigen nach kurzer Zeit die Mitteilung, die Leiche sei verbrannt, die Asche könne abgeliefert werden. Allgemein herrscht der an Sicherheit grenzende Verdacht, daß diese zahlreichen unerwarteten Todesfälle von Geisteskranken nicht von selbst eintreten, sondern absichtlich herbeigeführt werden, daß man dabei jener Lehre folgt, die behauptet, man dürfe sogenanntes ›lebensunwertes Leben‹ vernichten, also unschuldige Menschen töten, wenn man meint, ihr Leben sei für Volk und Staat nichts mehr wert. Eine furchtbare Lehre, die die Ermordung Unschuldiger rechtfertigen will, die die gewaltsame Tötung der nicht mehr arbeitsfähigen Invaliden, Krüppel, unheilbar Kranken, Altersschwachen grundsätzlich freigibt.«

Diese Worte wiederholend, verschärfte der Bischof seine gezielte Anklage in der Predigt am 3. August 1941 mit konkreten Angaben über die Aufstellung von Listen mit Namen von Pfleglingen in Heil- und Pflegeanstalten der Provinz Westfalen und den ersten bereits durchgeführten Transport aus der Anstalt Marienthal sowie andere inzwischen vorgenommene Maßnahmen. Galen gab auch den Wortlaut seiner Anzeige bei der Staatsanwaltschaft des Landgerichts Münster und beim Polizeipräsidenten in Münster bekannt. Mit höchster Anschaulichkeit rüttelte er die zum Teil noch ahnungslosen Zuhörer auf, um ihnen den Hauptgrund für dieses Morden vor Augen zu stellen: »Man urteilt: sie können nicht mehr Güter produzieren, sie sind wie eine alte Maschine, die nicht mehr läuft, sie sind wie ein altes Pferd, das unheilbar lahm geworden ist, sie sind wie eine Kuh, die nicht mehr Milch gibt. Was tut man mit solch alter Maschine? Sie wird verschrottet. Was tut man mit einem lahmen Pferd, mit solch einem unproduktiven Stück Vieh? Nein, hier handelt es sich um Menschen, unsere Mitmenschen, unsere Brüder und Schwestern. Arme Menschen, kranke Menschen, unproduktive Menschen meinetwegen: Aber haben sie damit das Recht auf das Leben verwirkt? ... Wenn man den Grundsatz aufstellt und anwendet, daß man den ›unproduktiven‹ Mitmenschen töten darf, dann wehe uns allen, wenn wir alt und altersschwach werden! ... Wenn einmal zugegeben wird, daß Menschen das Recht haben, ›unproduktive‹ Mitmenschen zu töten – wenn es jetzt zunächst auch nur arme wehrlose Geisteskranke trifft –, dann ist grundsätzlich der Mord an allen unproduktiven Menschen, also an den unheilbar Kranken, den Invaliden der Arbeit und des Krieges, dann ist der Mord an uns allen, wenn wir alt und altersschwach und damit unproduktiv werden, freigegeben.«

Dies war in der Tat ein freimütiges Bischofswort, wie man es nur von Bischöfen in der Alten Kirche kennt. Und dennoch, so sehr man auch die Unerschrockenheit des Bischofs loben und bewundern muß, es bleibt doch zu fragen, warum nicht schon ein Jahr früher dieser öffentliche Auftritt stattgefunden hat. Dann hätten vielleicht noch viele tausend gerettet werden können. So aber war die große Mordaktion fast am Ziel angelangt, als sie, gewiß auch auf Drohungen aus der Bevölkerung und ähnlich aufrührerische Predigten wie die des Bischofs von Münster hin, von Hitler mit einem Schlag gestoppt wurde. Trotzdem hörte das verbrecherische Treiben nicht ganz auf; im geheimen ging das Töten dieses Personenkreises weiter, bis es – und dafür sollte es wiederum nur eine Vorstufe sein – mit dem Holocaust am jüdischen Volk eine millionenfache Fortsetzung fand.

Österreichs Bischöfe erfüllen nationale Pflicht

Im österreichischen Episkopat ragte der Linzer Bischof Johannes Maria Gföllner wegen seines Hirtenbriefes über den wahren und falschen Nationalismus vom Januar 1933 als ein ganz entschiedener Gegner Hitlers und des Nationalsozialismus hervor. Wie sehr die deutschen Bischöfe darüber bestürzt waren, bekundete Kardinal Faulhaber dem Amtskollegen in Linz selbst und auch noch dem päpstlichen Staatssekretär Kardinal Pacelli.

An ihrer ablehnenden Haltung hielten die österreichischen Bischöfe auch nach Hitlers berühmter Regierungserklärung vom 23. März 1933 fest, indem sie auf folgende Grundirrtümer des Nationalsozialismus hinwiesen: nationalsozialistischer Rassenwahn, radikaler Rassenantisemitismus, Vergottung der eigenen Nation, extremes Nationalitätsprinzip und unchristliches Sterilisationsgesetz.

Diese Opposition war erstmals auf die Probe gestellt, als Hitler im März 1938 deutsche Truppen in Österreich einmarschieren ließ und das Land mit Deutschland zum Großdeutschen Reich verband. Jetzt geschah aber etwas völlig Unerwartetes: Drei Tage, nachdem Kardinal Theodor Innitzer, Erzbischof von Wien, Hitler am 15. März im Hotel Imperial einen Besuch abgestattet hatte, um die neue kirchenpolitische Situation zu besprechen, unterzeichnete der österreichische Episkopat, Bischof Gföllner nicht ausgenommen, diese »Feierliche Erklärung«: »Wir erkennen freudig an, daß die nationalsozialistische Bewegung auf dem Gebiet des völkischen und wirtschaftlichen Aufbaues sowie der Sozial-Politik für das Deutsche Reich und Volk und namentlich für die ärmsten Schichten des Volkes Hervorragendes geleistet hat und leistet. Wir sind auch der Überzeugung, daß durch das Wirken der nationalsozialistischen Bewegung die Gefahr des alles zerstörenden gottlosen Bolschewismus abgewehrt wurde.« Mit dieser Einschätzung bewiesen die Bischöfe, daß sie die Entwicklung in Deutschland entweder nicht aufmerksam verfolgt hatten, was höchst unwahrscheinlich ist, oder aber sie nur verschleiert wiedergeben wollten. Die deutschen Bischöfe jedenfalls wußten zu diesem Zeitpunkt schmerzlich genug, daß die Kirchenverfolgung im Hitlerstaat nicht weniger schlimm war als die Verfolgung der Kirche im bolschewistischen Rußland. Dem deutschen Leser mußte es wie ein böser Scherz erscheinen, wenn in der Erklärung weiter zu lesen stand: »Die Bischöfe begleiten dieses Wirken für die Zukunft mit ihren besten Segenswünschen und werden auch die Gläubigen in diesem Sinne ermahnen.«

Bedauerlicher noch als diese beschämende Erklärung ist der Begleitbrief des Wiener Kardinals Innitzer an Gauleiter Bürckel: »Beigeschlossene Erklärung der Bischöfe übersende ich hiermit. Sie ersehen daraus, daß wir Bischöfe freiwillig und ohne Zwang unsere nationale Pflicht erfüllt haben. Ich weiß, daß dieser Erklärung eine gute Zusammenarbeit folgen wird. Mit dem Ausdruck ausgezeichneter Hochachtung und Heil Hitler!«

Kein Wunder, daß Innitzer wegen dieser totalen Kapitulation vor dem Hitlerregime vom Papst nach Rom zitiert wurde, um, vom Kardinalstaatssekretär Pacelli zur Raison gerufen, eine neue Erklärung zu unterschreiben, mit der jene Ergebenheitsadresse in einigen Punkten revidiert werden sollte. Grüße des Papstes an Hitler, die Innitzer »dem Führer« nach seiner Rückkehr aus Rom gerne persönlich überbringen wollte, konnte er aber nicht übermitteln, weil Pius XI. eine entsprechende Frage des Kardinals einfach überhört hatte.

Der Wiener Pastoraltheologe Ferdinand Klostermann, damals Jugendseelsorger in der Diözese Linz, beurteilte das Verhalten der Kirchenführung – dabei dachte er wohl zuerst an den österreichischen Episkopat – im Dritten Reich mit den Worten: »Die Unterscheidung der Geister und die Balance zwischen Klugheit und Tapferkeit gelang nicht immer. Die Parole ›Kampf gegen den jüdisch-materialistischen Geist‹, das christliche antisemitische Erbe, die Verachtung der Demokratie, des Liberalismus und Pazifismus brachten die Kirche und kirchliche Kreise oft in eine verdächtige und peinliche Nähe nationalsozialistischer

Ideen. Oft sprach die Kirche erst oder nur, wenn sie selbst bedroht war.« Dies gilt vor allem für die Vorgänge im Österreich des Jahres 1938.

Kardinal Bertrams verhängnisvolle Gratulation

Mit dem Überfall auf Polen im Herbst 1939 war Hitlers Kriegsmaschine in Gang gesetzt, und sie sollte bis zur Katastrophe im Jahre 1945 unaufhaltsam weiterrollen. Unter den Kriegsverhältnissen mußte auch der Kirchenkampf auf beiden Seiten anderen Bedingungen folgen. Zu den schlimmsten Vergehen zählte jetzt Wehrkraftzersetzung. Verrat am Vaterland oder Schwächung der Front konnte schon vorliegen, wenn ein Geistlicher pazifistische Predigten hielt oder gar zur Kriegsdienstverweigerung riet, statt die Angehörigen in der Heimat und die Soldaten an der Front zum höchsten Einsatz zu ermahnen. So mancher patriotische Appell, der in diesen Jahren von der Kanzel zu hören war, will aus der ganz spezifischen Lage heraus interpretiert werden.

Lobesworte freilich, wie sie Kardinal Bertram zu Hitlers 51. Geburtstag in die Feder kamen, überschritten das Maß des Zulässigen bei weitem. Als ein nicht zu überbietendes Exempel kritikloser Untertänigkeit sei das Glückwunschschreiben des Breslauer Erzbischofs vom 10. April 1940 an den »hochgebietenden Herrn Reichskanzler und Führer« ganz wiedergegeben:

»Der Rückblick auf die unvergleichlich großen Erfolge und Ereignisse der letzten Jahre und der tiefe Ernst der über uns gekommenen Kriegszeit gibt mir als Vorsitzendem der Fuldaer Bischofskonferenz besonderen Anlaß, namens der Oberhirten aller Diözesen Deutschlands Ihnen zum Geburtstag die herzlichsten Glückwünsche darzubringen. Es geschieht das im Verein mit den heißen Gebeten, die die Katholiken Deutschlands am 20. April an den Altären für Volk, Heer und Vaterland, für Staat und Führer zum Himmel senden. Es geschieht in dem tiefen Bewußtsein der ebenso vaterländischen wie religiösen Pflicht der Treue zum jetzigen Staate und seiner regierenden Obrigkeit im Vollsinne des göttlichen Gebotes, das der Heiland selbst und in seinem Namen der Völkerapostel verkündet hat. Es geschieht unter Protest gegen die von christentumsfeindlichen Kreisen offen und versteckt verbreitete Verdächtigung, als sei unser Treuebekenntnis nicht voll zuverlässig.

Die Liebe zu Volk und Vaterland legt gerade bei so feierlicher Gelegenheit es uns nahe, an Sie, hochgebietender Führer, die dringende Bitte zu richten, tiefes Verständnis zu bewahren für unser pflichtmäßiges und unablässiges Bemühen, den christlichen Charakter in vollstem Sinne unserem Volke zu erhalten, Volk und Jugend unserer Diözesen in den ewigen Wahrheiten des katholischen Glaubens zu festigen, der Jugend vor allem eine tiefe christliche Charakterbildung und Erziehung zu vermitteln; Verständnis zu haben für unsere tiefe Sorge, alle entgegenarbeitenden Einflüsse vom Volkscharakter, von Familie und Jugend abzuwenden, und solchen Einflüssen gegenüber unserem Volke jene geistigen Kräfte zu erhalten, durch die zu allen Zeiten Deutschland groß geworden ist, Kräfte, die besonders unseren im Felde stehenden Soldaten seelische Ausdauer und Zuversicht zu glücklichem Ausgange des Krieges zu verleihen imstande sind.

Ich bitte daran erinnern zu dürfen, daß dieses unser Streben nicht im Widerspruch steht mit dem Programm der nationalsozialistischen Partei, und daß es lautes Echo findet in dem von Ihnen selbst in den programmatischen Worten vom 23. März 1933 und vom 30. Januar 1934 gegebenen Bekenntnis, sowie in dem mir gesandten Handschreiben vom 28. April 1933.

Ich bitte, diese Zeilen nicht als unangebracht am Glückwunschtage zu betrachten, sondern als unzertrennlich von den innigen Wünschen, die die Oberhirten von Millionen Ihrer Untertanen für Volk und Vaterland, für Staat und Führer hegen. Es würde uns nichts schmerzlicher sein, als wenn unsere Erklärungen in bestimmten einflußreichen Kreisen mit Mißtrauen aufgenommen würden.

In ehrerbietigstem Gehorsam Cardinal Adolf Bertram, Erzbischof von Breslau.«

Diese Gratulation war eines christlichen Bischofs nicht nur unwürdig, sie war schlechthin unverantwortlich. Bischof Preysing von Berlin ärgerte sich darüber so sehr, daß er das Pressereferat in der Bischofskonferenz sofort niederlegte und außerdem ernstlich gesonnen war, sein Bischofsamt zur Verfügung zu stellen. Er konnte und wollte den konzilianten Kurs des Konferenz-vorsitzenden keinen Augenblick länger tolerieren. Wie er sprachen sich noch einige andere Bischöfe dafür aus, daß Kardinal Bertram solche Schreiben nicht mehr als Vorsitzender des Gesamtepiskopats unterzeichnen dürfte.

Adolf Hitler war natürlich über diese einmalig wohltuende Gratulation hocherfreut und dankte dem »Sehr verehrten Herrn Kardinal« – er wußte sich schon in der Anrede von Überschwenglichkeit freizuhalten – in einem persönlichen Schreiben, dessen voller Wortlaut ebenfalls hier folgen soll:

»Für Ihre Glückwünsche, die Sie anläßlich meines Geburtstages die Güte hatten, mir im Namen der geistlichen Würdenträger aller Diözesen Deutschlands zu übersenden, spreche ich Ihnen meinen aufrichtigen Dank aus.

Ihre Versicherung, daß die Katholiken Deutschlands in Treue zu dem heutigen Staat und seiner Regierung stehen, habe ich mit Befriedigung entgegengenommen. Sie können gewiß sein, daß der Staat und seine Regierung diese Treue erwidern.

Mit besonderer Genugtuung erfüllt mich Ihre Überzeugung, daß das Streben der katholischen Kirche, dem deutschen Volk den christlichen Charakter zu erhalten, mit dem Programm der Nationalsozialistischen Deutschen Arbeiterpartei nicht im Widerspruch stehe. Niemand begrüßt es freudiger als ich, wenn die seelsorgerische Tätigkeit der Kirche im Einklang steht mit der großen völkischen und politischen Bewegung in unserem Vaterland und mit den Aufgaben der deutschen Staatsführung, die ihrerseits die Aufgaben der Kirche auf dem Gebiet der Seelsorge stets respektieren wird. Ich glaube daher mit Ihnen der Überzeugung zu sein, daß bei dem schweren Kampf, den das deutsche Volk jetzt gegen seine Feinde zu bestehen hat auch die katholische Kirche in Deutschland dazu beitragen wird, die innere Geschlossenheit unseres Volkes zu bewahren und zu stärken. In aufrichtiger Hochschätzung Adolf Hitler.«

Vatikan konspiriert gegen Hitler

Während die deutschen Bischöfe der Herrschaft Hitlers weiterhin mit Vorsicht und Schonung begegneten, um Auseinandersetzungen mit bösen Folgen für das kirchliche Leben zu vermeiden, suchte Rechtsanwalt Josef Müller, ein gebürtiger Oberfranke, im Herbst 1939, gestützt auf seine persönlichen Beziehungen zum Vatikan, speziell zum früheren Münchener und Berliner Nuntius Pacelli, der seit dem 2. März 1939 als Pius XII. an der Spitze der Katholischen Kirche stand, den Papst selbst zu Mittlerdiensten für einen Sturz der Diktatur in Deutschland zu gewinnen. Und was eigentlich niemand, selbst Müller nicht, für möglich gehalten hatte, wurde Wirklichkeit. »Die rasche Bereitschaft des Papstes, als Vermittler zwischen einer Verschwörergruppe in einem kriegführenden Land und der Regierung eines gegnerischen Staates aufzutreten, kann als eine der erstaunlichsten Ereignisse in der modernen Geschichte des Papsttums bezeichnet werden« (H. C. Deutsch). Daß der Plan fehlschlug, lag nicht am Papst, sondern an mißtrauischen Regierungsmitgliedern in England und in den USA.

Pius XII. als Mitverschwörer gegen Adolf Hitler auf der einen und die deutschen Bischöfe als Hitlers Kriegshelfer auf der anderen Seite: hier zeigt sich der weite Spannungsbogen zwischen Vatikan und deutschem Episkopat in grellstem Licht.

Aus Staatstreue und Vaterlandsliebe in den Krieg

Das Thema Krieg zählt zu den beschämendsten Kapiteln der Kirchengeschichte. Obwohl das Neue Testament »jeden auf Vergewaltigung abzielenden, von Macht- und Habgier eingegebenen Krieg verurteilt« (A. Vögtle) und das christliche Hauptgebot lautet »Du sollst den Herrn deinen Gott lieben ... und deinen Nächsten wie dich selbst«, haben Päpste und Bischöfe aus religiösen, machtpolitischen oder wirtschaftlichen Gründen ungezählte kriegerische Unternehmungen entweder selbst geführt oder zugunsten weltlicher Regenten tatkräftig unterstützt, zumindest aber unwidersprochen hingenommen.

Zu den ersten Kriegstheologen zählt der Kirchenvater und Bischof Augustinus († 430); er bemaß die Gerechtigkeit eines Krieges danach, ob der Krieg das allgemeine Wohl, die Gerechtigkeit und den Frieden als höchste Ziele verfolge. In demselben Geist lehrte Jahrhunderte später der Dominikaner Thomas von Aquino († 1275), einer der genialsten Theologen im Mittelalter, daß die rechtmäßige Autorität aus einem gerechten Grund und in der rechten Absicht Krieg führen dürfe.

An solche Vorstellungen und Feststellungen konnten die katholischen Bischöfe im Dritten Reich mühelos anknüpfen, wenn sie Hitlers Kriege nicht nur für erlaubt hielten, da sie ja von einer legalen Staatsautorität ausgerufen worden waren, sondern darüber hinaus, wie der Freiburger Erzbischof Gröber in einem ausführlichen Schreiben an den Ministerrat für die Reichsverteidigung vom 19. Februar 1940, ihre »deutschtreue Einstellung zum kriegerischen Ringen« rühmend hervorkehrten. Gröber wies mit Nachdruck darauf hin, »daß die Hunderttausende treu katholischer Frontkämpfer an Tapferkeit und Mut hinter den anderen nicht zurückstehen«. Mit der Reminiszenz »Man muß schon fast in die Zeit des Urchristentums zurückgreifen, um ein ähnliches Beispiel selbstloser Pflichttreue dem Staat und seiner Führung gegenüber zu finden« bestätigte er nicht nur eine fast ungebrochene Traditionslinie, sondern rechtfertigte gleichzeitig das uneingeschränkte Ja der Kirchenobrigkeit zu dem seit September 1939 andauernden Kriegsgeschehen.

Was soll man hier mehr verachten: die militante Gesinnung oder die servile Staatshörigkeit? Besonders schlimm ist, daß Gröber selbst in diesem Bereich noch an Kompromisse zu denken wagte. Richtete er doch an die Parteileitung in Berlin den Appell, »die weltanschaulichen Gegensätze durch die gemeinsame Staatstreue und Vaterlandsliebe zu überbrücken«. Deutlicher läßt sich die Verwerflichkeit bischöflich-kirchlicher Mentalität in dieser Zeit kaum mehr formulieren. Daß der Gehorsam gegenüber dem Staat spätestens dann in Frage gestellt werden muß, wenn dieser Staat von seinen Bürgern die Mitwirkung bei verbrecherischen, von Expansionsgelüsten diktierten Angriffskriegen fordert, kam den Hierarchen anscheinend nicht in den Sinn. Ein entschiedenes Nein des gesamten Episkopats hätte einen von der ersten Stunde seiner Regierung an zum Krieg entschlossenen Adolf Hitler vielleicht noch am ehesten in die Schranken weisen können. Und wer wäre dazu mehr berufen gewesen als die dem Liebesgebot vorrangig verpflichteten Kirchenführer, selbst wenn sie dadurch ihren Eid auf den inzwischen zu einer Mordorganisation gewordenen NS-Staat angeblich verletzt, ja, gebrochen hätten?

Doch statt eines massiven Protestes gegen Hitlers Überfälle auf Nachbarländer gratulierte Kardinal Bertram, wie ausführlich gezeigt, am 10. April 1940, einen Tag nach der Besetzung Dänemarks und den Angriff auf Norwegen, dem Reichskanzler in völlig unverständlicher Weise zum Geburtstag.

Die deutschen Oberhirten ermunterten das katholische Kirchenvolk mit zahlreichen Hirtenbriefen zum Gebet für die immensen Opfer des Krieges und für die Truppen an der Front. Die Soldaten selbst wurden aufgerufen, ihren Dienst unter den Waffen bis zur Hingabe des Lebens zu erfüllen.

Als deutsche Soldaten am 1. September 1939 in Polen einfielen, telegrafierte Kardinal August Hlond, Primas von Polen und Erzbischof von Warschau, noch am selben Tag an den polnischen Staatspräsidenten Mościcki: »Die katholische Kirche in Polen betet für den Sieg unserer heldenhaften Waffen in einer geschichtlichen Auseinandersetzung um die Rechte der Republik, um politische Freiheit und deren religiöse Freiheiten. Zu Händen des Präsidenten der Republik gebe ich die Erklärung ab, daß die katholische Kirche in Polen die Verteidigungsanstrengungen des Staates mit allen Mitteln unterstützen wird.«

Da auf beiden Seiten Christen beteten und von Gott den Sieg erflehten, fragt man sich, wem Gott, der überhaupt kein Gott des Krieges ist, denn zuerst hätte helfen sollen.

Kirchliche Kriegshilfe

Wie ein Bistum Kriegshilfe leistete – die im Krieg für kirchliche Bedürfnisse eingerichtete kirchliche Zentralstelle hieß bezeichnenderweise »Kirchliche Kriegshilfe« –, läßt sich an der Erzdiözese Freiburg illustrieren. In einer Erhebung über die Sonderleistungen der Kirche in den ersten 15 Kriegsmonaten hieß es bezüglich der »religiös-geistigen Mobilmachung und Weckung der moralischen Kräfte des Volkes«: »der Erzbischof (Gröber) habe vom 1. September 1939 bis 31. Dezember 1940 in nicht weniger als 17 größeren und kleineren Hirtenschreiben ›zur Opferwilligkeit und Einsatzbereitschaft‹ ermuntert. Ein in hoher Auflage an die Soldaten gerichtetes Hirtenwort stand unter dem Motto »Arbeite als ein guter Kriegsmann Christi«. Außerdem habe Gröber »ungezählte Predigten, Reden und Ansprachen bei großen Festlichkeiten und anderen Anlässen, bei den Firmungen, bei Tagungen von Geistlichen und Laien gehalten, die immer zu treuester Pflichterfüllung im Staat und der Volksgemeinschaft gegenüber ermuntert haben«. Dasselbe Engagement zeigte der Seelsorgeklerus: »Die einzelnen Erzbischöflichen Pfarrämter haben in allen Pfarreien die vorgeschriebenen Kriegsgebete und Kriegsandachten in den Sonntags- und Werktagsgottesdiensten gehalten. In ihren Predigten, Christenlehren und Religionsunterrichten haben sie nach Anweisung ihres Bischofs und ihrer Behörde die Opferwilligkeit und Einsatzbereitschaft mit religiösen Motiven zu stärken gesucht.« Der Berichterstatter zieht aus alldem das Fazit, daß die Kirche »in der religiös-geistigen Mobilmachung und der Weckung der moralischen Kräfte des Volkes sowie in der Stärkung des Opferwillens und der Einsatzbereitschaft ihre volle Pflicht getan hat«. Bleibt nur noch zu bemerken, daß eine religiös-moralische Unterstützung auch eine reale Kriegsunterstützung darstellt.

Wirklich unglaublich muten die Worte des katholischen Feldbischofs Franz Justus Rarkowski an, dessen nazistische Grundeinstellung damals schon allgemein bekannt gewesen ist. Auch wenn die Bischöfe ihn völlig unerträglich fanden, ihn deshalb auch nie zu ihrer gemeinsamen Konferenz einluden und vatikanische Kreise ihren Unmut über diesen höchsten Repräsentanten der Kirche für alle Soldaten zum Ausdruck brachten, kam es doch nicht zur Absetzung, weil ein solcher Schritt zu einer neuen Kraftprobe zwischen Kirche und Hitlerregime geführt hätte.

Wie sehr die Theologie im Mund eines Theologen degenerieren konnte, bewies Bischof Rarkowski 1940 in seiner Osterbotschaft an alle Wehrmachtsgeistlichen: »Ruf zu einer fröhlichen Gewißheit, daß auch für unser Volk über kurz oder lang der strahlende Ostermorgen anbrechen wird. Dieser Gewißheit hat der Führer und Oberste Befehlshaber der Wehrmacht am Heldengedenktag Ausdruck verliehen, indem er als Bekenntnis und Schwur erklärte, daß dieser uns aufgezwungene Krieg zum glorreichsten Sieg der deutschen Geschichte werden muß.«

Der katholische Landser trug in der Rocktasche das in Millionenauflage veröffentlichte »Katholische Feldgesangbuch«. Darin stand auch ein »Gebet für Führer, Volk und Wehrmacht«, dessen zweiter Teil so lautete: »Segne die deutsche Wehrmacht, welche dazu berufen ist, den Frieden zu wahren und den heimischen Herd zu beschützen und gib ihren Angehörigen die Kraft zum höchsten Opfer für Führer, Volk und Vaterland. Segne besonders unseren Führer und obersten Befehlshaber in allen Aufgaben, die ihm gestellt sind. Laß uns alle unter seiner Führung in der Hingabe an Volk und Vaterland eine heilige Aufgabe sehen, damit wir durch Glauben, Gehorsam und Treue die ewige Heimat erlangen im Reiche Deines Lichtes und Deines Friedens.«

Kriegsdienstverweigerung aus Gewissensgründen

Fiel es schon ungezählten Soldaten schwer, ein Gebet wie dieses zu sprechen, so konnte ein zusätzlicher Gewissenskonflikt erwachsen aus dem Fahneneid, den jeder deutsche Soldat ablegen mußte: »Ich schwöre bei Gott diesen heiligen Eid, daß ich dem Führer des Deutschen Reiches und Volkes, Adolf Hitler, dem Obersten Befehlshaber der Wehrmacht, unbedingten Gehorsam leisten und als tapferer Soldat bereit sein will, jederzeit für diesen Eid mein Leben einzusetzen.« Ob dieser Eid auch auf den »Kriegsverbrecher« Adolf Hitler noch im Gewissen verpflichtete?

Nicht auszudenken, was geschehen wäre, wenn alle zum Eid gerufenen Soldaten den Fahneneid verweigert hätten, wie es der österreichische Bauer Franz Jägerstätter, Vater von drei Kindern, bewiesen hat. Er stand dem Nationalsozialismus von Anfang an feindlich gegenüber und stimmte als einziger Bürger seiner Gemeinde St. Radegund gegen den Anschluß Österreichs an das Deutsche Reich. Mit dem Einberufungsbefehl in der Hand begab er sich zu seinem Heimatbischof Gföllner von Linz, der ihn allerdings ebenso vergeblich zum Kriegsdienst zu überreden versuchte wie zuvor schon der Heimatpfarrer. Vor dem Reichskriegsgericht in Berlin begründete Jägerstätter seine Eidverweigerung mit den Worten: »Einem Regime, das einen ungerechten Krieg führt, kann und darf ich keinen Eid leisten.« Daraufhin wurde er wegen Zersetzung der Wehrkraft zum Tod verurteilt und am 9. August 1943 enthauptet.

Bischöfe und Priester hätten von diesem mutigen Bauern lernen können, daß man zur Verteidigung des christlichen Europa nicht auf äußere Machtmittel bauen darf, sondern geistig-geistliche Kräfte einsetzen muß. Jägerstätter fragte: »Glauben denn wirklich einige, durch dieses massenhafte Blutvergießen vielleicht das Christentum in Europa so vor dem Untergang zu retten oder vielleicht gar dadurch zu neuer Blüte zu bringen? Ist denn unser Heiland, dem nachzufolgen wir uns stets bemühen sollen, auch so mit seinen Aposteln gegen das Heidentum vorgegangen wie jetzt wir deutschen Christen?«

Wie Jägerstätter und der Pallottinerpater Reinisch mußte noch mancher andere Opponent ohne Unterstützung durch eine kirchliche Obrigkeit ganz allein den ihm von seinem Gewissen gezeigten Weg gehen. Heinrich Missalla kam bei seiner Untersuchung über die kirchliche Kriegshilfe im Zweiten Weltkrieg zu diesem Resultat: »Sofern sie den Weg des Widerstandes gegangen sind, haben sie dieses Wagnis allein und in der Regel ohne Rückendeckung, oft genug auch gegen den erklärten Willen der kirchlichen Institution, auf sich genommen. Diese Frauen und Männer stehen nicht für uns oder die Kirche, sondern für die von ihnen vertretene ›Sache‹, und damit gegen diejenigen, die sie allein gelassen haben. Sie dürfen nicht in Anspruch genommen werden, um eigenes Verhalten zu rechtfertigen oder um den andere entschuldigenden Nachweis zu liefern, daß ›die Kirche‹ dem Nationalsozialismus Widerstand geleistet habe.«

III. Immer noch unbewältigte Vergangenheit

Nach dem Untergang des Dritten Reiches im Mai 1945 begann unter dem Stichwort »Entnazifizierung« die große Abrechnung der alliierten Siegermächte mit den hauptschuldigen Naziführern, soweit diese sich nicht durch Flucht oder Selbstmord dem irdischen Gericht entzogen hatten. Viele Tausende von Parteigenossen (PG) verloren ihre Arbeitsstellen und mußten, falls sie nicht im Gefängnis oder Internierungslager waren, eine neue Beschäftigung suchen, um überleben zu können. Nur zwei Gesellschaftsgruppen wußten sich fast unangefochten zu behaupten: die Justiz und die Kirche.

Die Richter und Staatsanwälte entschuldigten sich damit, daß sie immer nur nach dem geltenden Gesetz gehandelt hätten. Hans Joachim Rehse, Beisitzer am Volksgerichtshof, an 230 Todesurteilen beteiligt und wegen sieben dieser Fälle angeklagt, beteuerte 1967 vor Gericht seine Unschuld: »Ich hatte mir nie etwas vorzuwerfen und ich habe mir auch heute nichts vorzuwerfen.« Er wurde freigesprochen. Ist es da noch verwunderlich, wenn hohe NS-Richter beim Entnazifizierungsverfahren als »Entlastete« zurückgestuft und später in höhere Positionen befördert wurden?

Und die Geistlichen, von wenigen Ausnahmen abgesehen, meinten sich überhaupt nicht entschuldigen zu müssen, da sie ganz schuldlos wären. So konnte die Legende vom totalen Widerstand der Kirche, das heißt hier des Klerus, mühelos entstehen und blühen. Tatsächlich stand vor allem die Katholische Kirche zuerst und allgemein, auch in den Augen der Siegermächte, als die eigentliche und fast einzige Widerstandsbewegung gegen die Naziherrschaft auf dem Podest. Die Hierarchen selbst, eben noch aus Angst und Feigheit vor dem Hitlerregime weithin rat- und tatenlos, gaben sich jetzt alle Mühe, um die

Kircheninstitution mit einem Unschuldsmantel zu umhüllen und die Hymne auf den kirchlichen Widerstand weithin erklingen zu lassen.

Lob des Papstes

Als erster spendete der ob seiner Deutschfreundlichkeit bekannte Papst Pius XII. bei einer Ansprache an das Kardinalskollegium am 25. Juni 1945 der Hierarchie und dem Kirchenvolk in Deutschland für das mutige Verhalten gegenüber dem Dritten Reich hohes Lob: »Um diesen Angriffen Widerstand zu leisten, scharten sich immer noch Millionen tapferer Katholiken, Männer und Frauen, um ihre Bischöfe, die es nie unterlassen haben, auch in den letzten Kriegsjahren nicht, mutig und ernst ihre Stimme zu erheben; sie scharten sich um ihre Priester, denen sie halfen, die Seelsorge den veränderten Notwendigkeiten und Verhältnissen anzupassen: und bis zum Letzten stellten sie in zäher Geduld der Front der Gottlosigkeit und des Stolzes die Front des Glaubens, des Gebetes, der bewußt katholischen Lebenshaltung und Erziehung entgegen.«

In einem Schreiben an den deutschen Episkopat vom 1. November 1945 setzte das Oberhaupt der Katholischen Kirche die Glorifizierung des kirchlichen Widerstandes fort: »Wir haben sehr wohl gewußt, was heute zu Eurem Lob öffentlich bekannt ist, daß Ihr in gewissenhafter Erfassung Eueres Amtes den wahnsinnigen Ideen und Maßnahmen des hemmungslosen sogenannten Nationalismus mit ganzem Herzen Widerstand und Abwehr entgegengesetzt habt, und daß dabei der bessere Teil Eueres Volkes auf Eurer Seite gestanden ist.« So urteilte der Papst jetzt, obwohl er nur zu genau wußte und dies in Briefen und Gesprächen während der letzten Jahre entweder nur vorsichtig angedeutet oder offen ausgedrückt hatte, wie sehr die deutschen Bischöfe, von tausend Rücksichten getragen, den von vielen Seiten gewünschten und von der Sache geforderten energischen und geschlossenen Widerstand hatten vermissen lassen. Jetzt war dies alles wie vergessen. Statt eines offenen Schuldbekenntnisses flüchtete man sich zu falscher Apologetik und beschritt damit einen Weg, auf dem die Kirchenvertreter bis heute anscheinend bedenkenlos weiterpilgern, so daß ein befreiendes, der historischen Wirklichkeit entsprechendes »Confiteor« nicht über die Lippen kommt.

Selbstlob der Bischöfe

Die deutschen Bischöfe legten in einem Hirtenbrief vom 28. Juni 1945 auch über das Verhalten der Kirche in den vergangenen zwölf Jahren Rechenschaft ab: »Die deutschen Bischöfe haben, wie ihr selber wißt, von Anfang an vor den Irrlehren und Irrwegen des Nationalsozialismus ernsthaft gewarnt und immer wieder hingewiesen auf die unglücklichen Folgen, die der Kampf gegen Glaube, Christentum und Kirche, gegen Recht, Freiheit und Wahrheit mit sich bringen muß. Wir Bischöfe waren wegen unserer pflichtmäßigen Ablehnung der Irrtümer und Gewalten des Nationalsozialismus zugleich mit unserem Klerus schärfster Anfeindung und Bekämpfung ausgesetzt. Wir haben uns nicht bloß in Hirtenworten und Ansprachen an das deutsche Volk gewendet, sondern auch wiederholt in gemeinsamen Denkschriften an den Führer selbst; aber unseren Vorstellungen und Bitten blieb ein Erfolg versagt ... Der größte Teil des katholischen Volkes in Deutschland hat unter dem Kampf gegen Christus, Glaube und Kirche, unter der Vergewaltigung der Gewissen unsagbar schwer und immer schwerer gelitten und das Ende dieses Glaubenskampfes nicht weniger sehnlich herbeigewünscht wie das Ende des Krieges. Es hat seelisch auch schwer gelitten unter den Gewalttätigkeiten und Verbrechen gegen glaubenstreue und pflichttreue Männer und Frauen. Von den Unmenschlichkeiten, die in den Konzentrationslagern gegen meist unschuldige Menschen begangen wurden, hat das deutsche Volk mit wenigen Ausnahmen keine Kenntnis gehabt; um so mehr war es aufs tiefste erschüttert, als nunmehr die Kunde davon in die Öffentlichkeit drang.« Zur Bestätigung ihres Selbstlobes verwiesen die Bischöfe mit großer Genugtuung auf die zitierte Laudatio aus päpstlichem Mund.

Neben der Behauptung vom heldenhaften Widerstand tauchte hier erstmals die Sage von der allgemeinen Unwissenheit hinsichtlich der Grausamkeiten und Verbrechen in den KZ auf. Studenten wie die Geschwister Hans und Sophie Scholl von der

Universität München wußten anscheinend weitaus besser Bescheid, als die bayerischen Bischöfe in ihrem Hirtenwort an die Gläubigen vorgaben. In einem Flugblatt der »Weißen Rose« stand zu lesen: »Warum verhält sich das deutsche Volk angesichts all dieser scheußlichsten, menschenunwürdigsten Verbrechen so apathisch?« Unkenntnis kommt auch dann zustande, wenn man nicht wissen will, was man eigentlich wissen könnte und müßte.

Im nächsten Hirtenbrief vom 23. August 1945 spendeten die Bischöfe dem katholischen Volk großes Lob dafür, daß es sich »in so weitem Ausmaße von dem Götzendienst der brutalen Macht freigehalten« habe. Dem Dank und der Freude folgte die reichlich allgemein klingende Klage: »Viele Deutsche, auch aus unseren Reihen, haben sich von den falschen Lehren des Nationalsozialismus betören lassen, sind bei den Verbrechen gegen menschliche Freiheit und menschliche Würde gleichgültig geblieben; viele leisteten durch ihre Haltung den Verbrechen Vorschub, viele sind selber Verbrecher geworden. Schwere Verantwortung trifft jene, die auf Grund ihrer Stellung wissen konnten, was bei uns vorging, die durch ihren Einfluß solche Verbrechen hätten hindern können und es nicht getan haben, ja diese Verbrechen ermöglicht und sich dadurch mit den Verbrechern solidarisch erklärt haben.«

Nach dieser unbestimmten Schuldzuweisung, bei der die Institution Kirche ebenso wenig genannt ist wie der zu keinem Augenblick exkommunizierte Katholik Adolf Hitler, legte der Episkopat gleich ein gutes Wort ein für die bloßen Mitläufer unter den Parteimitgliedern, insbesondere für Beamte und Lehrer, und bezeichnete es als »eine Forderung der Gerechtigkeit, daß immer und überall die Schuld von Fall zu Fall geprüft wird, damit nicht Unschuldige mit den Schuldigen leiden müssen.« Diesen Grundsatz machten sich die mit der Entnazifizierung beauftragten Behörden auch zu eigen, freilich erst später, nachdem sie zunächst alle Parteigenossen unterschiedslos erfaßt und die in leitenden Funktionen tätigen Nazis in Untersuchungsgefängnisse oder Internierungslager eingewiesen hatten.

Sooft die Bischöfe zu einer Stellungnahme über das Verhalten der Kirche im Dritten Reich herausgefordert waren, zogen sie sich auf diesen Hirtenbrief vom 23. August 1945 zurück. So geschah es zuletzt in der Erklärung der deutschen Bischöfe zum 30. Januar 1983: »Schon mehrmals haben die deutschen Bischöfe sich zu der schrecklichen Epoche zwischen 1933 und 1945 geäußert. Zuletzt geschah dies zum 40. Jahrestag des Beginns des Zweiten Weltkriegs. Wir haben in der damaligen Erklärung bewußt an den ersten gemeinsamen Hirtenbrief nach Kriegsende vom 23. August 1945 angeknüpft. Zwei fundamentale Tatsachen stellten wir 1979 als Erfahrung heraus, die weitreichende Konsequenzen auch für heute haben: Mißachtung der unverletzlichen Rechte des einzelnen und der Völker; Verweigerung persönlicher Mitverantwortung und Leugnung eigener Schuld. Im Hinblick darauf haben wir gesagt, und so wiederholen wir es: ›Wir wissen, daß es auch in der Kirche Schuld gegeben hat.‹ Viele Glieder der Kirche ließen sich in Unrecht und Gewalttätigkeit verstricken.« Wer jetzt damit gerechnet hatte, ein ehrliches Wort über die Rolle der kirchlichen Autorität in jener Zeit zu vernehmen, wurde wiederum enttäuscht. Statt des Eingeständnisses, daß auch die sogenannte Amtskirche ihren Teil an Mitschuld habe, betonte man im Gegenteil das ruhmreiche Standhalten: »Wir dürfen aber auch erneut bezeugen, daß Kirche und Glaube eine der stärksten Kräfte im Widerspruch, ja Widerstand gegen den Nationalsozialismus waren, in mancher Hinsicht sogar die stärkste.« Mit »Kirche« dachte man vermutlich in erster Linie wieder nur an die Autorität, so daß sie abermals von jedem Vorwurf eines Versagens reingewaschen erschien. Es ist billig und falsch zugleich, Schuld und Versagen immer nur beim Kirchenvolk zu sehen. Trugen denn jene, die von Amts wegen an hoher und höchster Stelle standen, nicht nur größere und größte Verantwortung, sondern mit ihrer Verantwortung, wenn sie ihr nicht entsprachen, auch eine entsprechend große Schuld?

Fragebogen als Vorsorge

So verdienstvoll, wie die heutigen Bischöfe ihre damaligen Amtsvorgänger beurteilen, konnten und wollten nicht einmal diese selbst sich einschätzen. Vor allem Kardinal Faulhaber sah schon bald voraus, daß Papst, Bischöfe und Priester, was ihre Tätigkeit während des Dritten Reiches betrifft, nicht auf Dauer jeder kritischen Bewertung enthoben bleiben würden. Deshalb dachte er frühzeitig an praktische Maßnahmen, um jene mit Sicherheit zu erwartenden Stimmen, die auch bei der offiziellen Kirche schwache Stellen aufspüren würden, zu widerlegen.

In einem von Erzbischof Faulhaber angeregten Rundschreiben wandten sich die bischöflichen Ordinariate in Bayern am 8. August 1946 an alle Seelsorgestellen und erbaten anhand eines umfangreichen Fragenkatalogs detaillierte Auskunft über die Vorgänge auf Pfarrebene zur Zeit der Hitlerherrschaft. Bezeichnend ist schon der einleitende Satz des Schreibens: »Da und dort wird zur Zeit im In- und Ausland auch die Haltung kirchlicher Kreise gegenüber dem Nationalsozialismus in Zweifel gezogen, vereinzelt sogar von Katholiken selbst mitverantwortlich gemacht für die mißlichen Folgen, welche jetzt manche wegen ihrer Parteizugehörigkeit u. ä. zu tragen haben.« Gedacht war hier an die zahlreichen Entnazifizierungsverfahren, bei denen Angeklagte zu ihrer Entlastung auf Direktiven der Kirchenautorität hinwiesen und mit Recht hinweisen konnten. Danach folgte in dem Rundschreiben die apologetische Zielsetzung mit dem einen Satz: »Um so notwendiger erscheint es darum im Interesse der Wahrheit, des Ansehens der hl. Kirche und der Ehre des Klerus, den starken und fast ausnahmslosen Widerstand der katholischen Geistlichen gegen nationalsozialistische Weltanschauung, Kirchenpolitik, Gewaltherrschaft, Menschenentrechtung u. ä. ein für allemal klar herauszustellen und mit Zahlen und Tatsachen zu belegen.« Genau diesem Zweck sollte der beigelegte Fragebogen dienen, in den nationalsozialistische Verfolgungen katholischer Geistlicher und Laien sowie antikirchliche Maßnahmen sachlicher Art eingetragen werden mußten. Diese Fragebogenaktion konnte jedoch trotz mehrerer Anläufe, von wenigen Diözesen abgesehen, bis heute nicht veröffentlicht werden. Erst kürzlich wurde ein weiterer Versuch gestartet, auf dessen Ergebnis man gespannt sein darf, vorausgesetzt, daß dieser jüngste Schritt zu Ende gegangen wird.

Ob diese Fragebogen überhaupt geeignet sind, vollständigen Aufschluß über die Aktivposten zu gewinnen? Nach den Passiva fragte man schon damals wohlweislich nicht, um nicht Material, das zur eigenen Belastung dienen würde, ausfindig zu machen.

Es wäre in der Tat begrüßenswert, wenn aus sicheren Quellen festgestellt werden könnte, wie es um den heute noch vielgerühmten Widerstand des Klerus im einzelnen bestellt war. Zweifel scheinen freilich angebracht, wenn man z. B. den Fragebogen des Augsburger Weihbischofs Franz Xaver Eberle, bekannt nicht nur wegen seines erfolglosen Gesprächs mit Hitler in der Reichskanzlei am 6. Dezember 1937, sondern vor allem wegen seiner Sympathie für den Nationalsozialismus, betrachtet.

Ein Weihbischof huldigt Hitler

Eine Woche nach dem Einmarsch deutscher Truppen in Österreich, am 12. März 1938, bekundete Eberle in einem persönlichen Brief an Hitler seine Bewunderung »über die historisch einmalige Tat der Vereinigung Österreichs mit dem Reich«. Weil diese militärische Aktion ohne jedes Blutvergießen verlaufen sei, verdiene der Führer »nicht nur den Namen eines Befreiers Österreichs und eines Mehrers des Deutschen Reiches, sondern besonders den Namen eines Friedensheros«. Noch schlimmer als diese Instinktlosigkeit hört sich an, was der ehrgeizige Weihbischof am Schluß versicherte: »Ich liebe mein Vaterland glühend und stelle mich meinem Führer jederzeit zur Verfügung. Es ist mir eine herzliche Freude, daß es mir am 6. Dezember 1937 vergönnt war, Auge in Auge mit dem Manne zu stehen, dem das größer gewordene Deutschland soviel verdankt. Nehmen Sie, mein Führer, die Versicherung meiner größten Verehrung, in der ich mich nenne Herrn Reichskanzler ergebenster Dr. Franz Xaver Eberle, Weihbischof von Augsburg.«

Als am 3. April 1938 über den Anschluß Österreichs abgestimmt werden sollte, wandte sich Eberle an den bayerischen Episkopat, um ihn zu einer positiven Erklärung für die bevorstehende Volksabstimmung zu erwärmen: »Wann könnten die Bischöfe leichter und freudiger zu einem ›Ja‹ einladen (Volksabstimmung!), als wo es sich um eine vaterländische Tat größten Formats handelt, um unser größer gewordenes Deutschland.«

Fünf Jahre später verzichtete der 68jährige Auxiliarbischof aus gesundheitlichen Gründen auf sein Bischofsamt. Bis zu seinem Tod im Jahre 1951 verging fast noch ein ganzes Jahrzehnt. In dem erwähnten Fragebogen strich Eberle alle Fragen durch und bemerkte kurz und bündig: »Fehlanzeige.«

Bischöfe auf Hitlers Seite

Der Augsburger Weihbischof Eberle blieb trotz seiner Berliner Eskapade nur eine nebensächliche Gestalt im deutschen Episkopat. Viel wichtiger sind die Aktivitäten des Freiburger Erzbischofs Conrad Gröber einzuschätzen. Ihn verband schon in den zwanziger Jahren als Pfarrer in Konstanz eine herzliche Freundschaft mit Nuntius Pacelli und, wenn auch vielleicht nicht so eng, mit Prälat Ludwig Kaas, der seit 1928 als Vorsitzender der Deutschen Zentrumspartei den Weg des Politischen Katholizismus entscheidend mitbestimmte. Diese drei Kirchenmänner führten auch, wie gezeigt, die Verhandlungen für das am 20. Juli 1933 unterzeichnete Konkordat zwischen dem Vatikan und der Reichsregierung. 1934 trat Gröber – wie fast alle Mitglieder seines Domkapitels, Weihbischof Burger eingeschlossen – der SS als Förderndes Mitglied bei und blieb Mitglied, bis der Reichsführer SS Heinrich Himmler ihn 1938 ausschloß, nachdem der Oberhirte einer Aufforderung zum freiwilligen Austritt – Himmler sah sich zu diesem Schritt wegen dubioser Briefe Gröbers an einige Frauen veranlaßt – nicht nachgekommen war.

Bemerkenswert ist jedoch, daß Gröber ungefähr zu dieser Zeit einen grundlegenden Gesinnungswandel erlebte, indem er von einem Sympathisanten, ja, aktiven Förderer des Nationalsozialismus sich zu einem energischen Gegner bekehrte und dafür den Haß vieler Naziführer auf sich zog.

Ulrich von Hassell, der Deutsche Botschafter bei der italienischen Regierung, notierte in sein Tagebuch: »Solche Leute wie Bertram werden gegenüber Leuten wie Hitler und Himmler nichts erreichen. Der früher braune Konrad genannte Bischof Gröber (Fr. i. Br.) ist nach Noppel jetzt allerdings völlig bekehrt.« Einem späteren Bericht des Sicherheitsdienstes zufolge galt Gröber nun als »der größte Feind der Nationalsozialistischen Deutschen Arbeiterpartei und des Nationalsozialistischen Staates ... Wenn er noch nicht als Hochverräter im Gefängnis sitzt, hat ihn sein Amt als Erzbischof bisher davor bewahrt.« Diese

Bemerkung spricht übrigens für die Behauptung Albert Hartls, eines früheren Priesters im Sicherheitsdienst, Hitler habe Kardinal Faulhaber bei der Unterredung im Berghof auf dem Obersalzberg per Handschlag versichert, daß kein deutscher Bischof befürchten müsse, ins Gefängnis eingewiesen zu werden. Auf dieses Versprechen wurden übrigens auch Gestapo-Leute hingewiesen, erzählte mir Hartl, als sie den Münsteraner Bischof Galen wegen seiner schonungslosen Predigten gegen die Mordaktionen unter dem Decknamen Euthanasie verhaften wollten.

Eine prekäre Rolle im Episkopat spielte der Bischof von Osnabrück, Wilhelm Berning. Er gehörte, wie auch der evangelische Reichsbischof Ludwig Müller, von 1933 bis 1945 unter Ministerpräsident Hermann Göring dem preußischen Staatsrat an und war selbst auf ein Zeichen aus dem Vatikan nicht bereit, seinen Posten als Staatsrat aufzugeben. Wenngleich Berning dem christlichen Glauben treu blieb, galt er in der Öffentlichkeit doch als ein hoher Repräsentant des NS-Staates.

In Berlin residierte als Leiter des Kommissariats der Fuldaer Bischofskonferenz, der offiziellen Kontaktstelle zwischen Episkopat und Regierung, Titularbischof Heinrich Wienken. Der furchtsame und stets auf Ausgleich bedachte Prälat verstand sich ausgezeichnet mit seinem höchsten Dienstherrn, dem Breslauer Kardinal Bertram, der als Vorsitzender der Bischofskonferenz mit den Spitzen der Regierung in Berlin so weit wie nur irgendwie möglich ohne größeren Konflikt auskommen wollte. Nach dem Zeugnis von Walter Adolph, dem kirchenpolitischen Referenten des Berliner Bischofs Preysing, betonte Wienken immer wieder, »daß man auch das Gute anerkennen müsse«. Beim Festessen nach seiner Bischofsweihe im Jahre 1937 brachte er ein Hoch auf den Führer Adolf Hitler aus. Kein Wunder, daß Preysing ihn für »einen großartigen Kompromißler« hielt. 1951 wurde Wienken zum Bischof von Meißen ernannt und vom Papst mit dem persönlichen Titel eines Erzbischofs ausgezeichnet.

Erzbischof Cesare Orsenigo, als Nuntius der Vertreter des Papstes bei der Reichsregierung in Berlin, gemäß dem Konkordat von 1933 sogar der Doyen des Diplomatischen Corps, war im innersten Herzen Faschist und deshalb den Nationalsozialisten ein willkommener Unterhändler. Dasselbe gilt für seinen Sekretär, den Steyler Missionar Eduard Gehrmann, den man wegen seines enormen Einflusses auch »den kleinen Nuntius« nannte. Gegenüber Adolph bekannte Gehrmann einmal, »daß er bereits seit 1928 innerlich Nationalsozialist gewesen sei und daß seine politische Haltung wesentlich und entscheidend durch seinen Aufenthalt in Sowjet-Rußland gebildet worden sei«. Nicht nur bei manchem Bischof, sondern besonders im Vatikan erregte die allzu weiche und entgegenkommende Haltung Orsenigos immer wieder starkes Mißfallen, so daß man mehrmals an Abberufung dachte, jedoch immer wieder davon Abstand nahm, weil ein unnachgiebiger Repräsentant des Hl. Stuhls in der Reichshauptstadt andere Gefahren mit sich gebracht hätte.

Staatsbegräbnis für Abt Schachleiter

Selbst im Bereich religiöser Orden fehlte es nicht an Mönchen und sogar Äbten, die aus ihrer Verbundenheit mit dem Nationalsozialismus kein Hehl machten. Neben den Benediktineräbten Ildefons Herwegen von Maria Laach und Albert Schmitt von Grüssau stellte sich vor allem der frühere Abt des Benediktinerklosters St. Emaus in Prag, Alban Schachleiter (1861–1937), bald nach seiner Vertreibung durch die Tschechen im Jahre 1918 in den Dienst der noch jungen NSDAP und später des Hitlerregimes. Wegen eines Artikels in der Parteizeitung »Völkischer Beobachter« gegen den nazifeindlichen Fastenhirtenbrief des Linzer Bischofs Gföllner im Februar 1933 zog er sich ein kirchliches Disziplinarverfahren zu, das mit der Suspension endete. Deswegen auch mußte er Hitlers Einladung zu einer privaten Meßfeier anläßlich der Eröffnung des neuen Reichstages im letzten Augenblick absagen. Die Naziführung wußte sehr wohl, was sie dem von der Kirchenobrigkeit gemaßregelten Ex-Abt, der außerhalb des Klosters lebte, schuldig war und ließ es auch an einer finanziellen Unterstützung nicht fehlen. Der Chef der Reichskanzlei, Minister Lammers, richtete am 25. März 1933 an den Parteigenossen Schachleiter dieses Schreiben: »Im Hinblick darauf, daß Sie durch Ihre klare Stellungnahme zum Nationalsozialismus und durch Ihren mannhaften Mut für die Bewegung des Herrn Reichskanzlers ohne Ihr Verschulden in eine wenig angenehme wirtschaftliche Lage geraten sind, bittet der Herr Reichskanzler Sie, vom 1. Februar d. Js. ab eine widerrufliche Unterstützung von monatlich 200,– RM so lange freundlichst entgegenzunehmen, als Sie dieser Unterstützung bedürfen. Der Herr Reichskanzler läßt bitten, diese Beihilfe lediglich als ein kleines Zeichen seiner besonderen Anerkennung und Wertschätzung zu betrachten.« Als letzte Auszeichnung wurde Schachleiter 1937 ein Staatsbegräbnis zuteil.

Geistliche als Spitzel der SS

Der schon mehrmals genannte Albert Hartl, im Berliner Reichssicherheitshauptamt an führender Stelle für die nationalsozialistische Kirchenpolitik tätig, machte als Zeuge im Frankfurter Euthanasie-Prozeß (1967) die überraschende Aussage, daß ihm bei der Erfüllung seiner Aufgabe im Sicherheitsdienst ungefähr 200 Geistliche als sogenannte V-Männer (Verbindungsmänner) zur Verfügung gestanden hätten. Zu den vermutlichen Spitzeln unter den Bischöfen zählten neben dem Passauer Bischof Landersdorfer – einst Hartls Lehrer im klösterlichen Internat der Benediktinerabtei Scheyern – und dem Münchener Weihbischof Scharnagl, der sich für die Geheimhaltung seiner Liebesaffaire bei der Gestapo in München verdingte, in Rom der österreichische Titularbischof Hudal und der ungarische Erzbischof Huyn, der nach seiner Vertreibung aus der Heimat in der Römischen Kurie arbeitete.

Alois Hudal, Rektor des deutsch-österreichischen Priesterkollegs in Rom, publizierte in mehreren Schriften nationalsozialistisches Gedankengut. Sein 1938 erschienenes Hauptwerk »Die Grundlagen des Nationalsozialismus. Eine ideengeschichtliche Untersuchung von katholischer Warte«, von dem in kurzer Zeit fünf Auflagen verkauft wurden, sollte die grundsätzliche Vereinbarkeit von christlichem Glauben und nationalsozialistischer Weltanschauung aufzeigen. Gegen Ende des Krieges und danach spielte Hudal eine skandalöse Rolle, indem er kleinen und großen Nazis, z. B. Kappler und Eichmann, durch Ausstellung gefälschter Pässe Fluchthilfe nach Übersee leistete.

Bezog Hartl schon von Hudal und Huyn genug der gewünschten Informationen über Pläne und Vorgänge innerhalb des Vatikans, so besaß er in Kurienkardinal Pizzardo einen nicht hoch genug zu schätzenden V-Mann. Nur selten kam er ins Gespräch mit dem damaligen Unterstaatssekretär Montini, dem späteren Papst Paul VI. († 1963), den er als einen religiösen Zweifler und kirchenpolitischen Taktiker kennenlernte.

Nazipriester

Helfer und Helfershelfer des Nationalsozialismus, wenn auch nicht im Sinn einer »religiösen« Weltanschauung, so doch eines politisch-radikalen Systems, fanden sich freilich nicht nur in Prälatenkreisen, sondern ebenso unter dem niederen Klerus, auch wenn die davon Betroffenen nicht eingeschriebene Mitglieder der Nazipartei waren und auch nicht ihren Austritt aus dem Priesterstand oder der Kirche erklärten. Gegenüber Parteigenossen in der Soutane zeigten die Bischöfe, ansonsten zu vielen Zugeständnissen bereit, im allgemeinen doch große Skepsis. Wir müssen uns hier auf einige prominente Nazipriester beschränken.

Joseph Roth (1897–1941), Priester der Erzdiözese München-Freising, erlangte unter den Geistlichen die höchste Beamtenstelle im NS-Staat. Schon als junger Kaplan von St. Ursula in München machte er die Bekanntschaft des Nuntius in Bayern, Eugenio Pacelli, verfaßte antisemitische Zeitungsartikel und Bücher, erteilte Religionsunterricht an der NS-Sonderschule in Feldafing, bis er von dort, zunächst mit zeitlich befristeter Genehmigung des für ihn zuständigen Erzbischofs Faulhaber, nach Berlin in das Reichskirchenministerium berufen wurde und hier bis zum Ministerialdirigenten aufstieg. Faulhaber, der seinen ehemaligen Diözesanpriester bei einer Priesterversammlung als »Judas« apostrophierte, weigerte sich zwar, alle von Roth unterschriebenen Dokumente zur Kenntnis zu nehmen, konnte aber doch nicht ganz vorbei an Roth, der übrigens zeitlebens Mitglied der Kirche sowie des Klerus blieb. Roths überraschender Tod während eines Urlaubs in Südtirol, ob Unfall oder Selbstmord, ist bis heute nicht restlos aufgeklärt. Bei der Beerdigung in Ottobeuern bekannte der zur Diözese Augsburg gehörende Priester Dr. Philipp Haeuser, ebenfalls ein überzeugter Nationalsozialist und auch Antisemit, in der Ansprache: »Wir beide kämpften für die Sache Jesu und die des Führers ... Da ihm Jesus die überragende Kämpfernatur war ... fand er mit mir rasch auch den Weg zur Kämpferpersönlichkeit Adolf Hitlers.« Wie Roth wurde Haeuser zu keinem Augenblick vom Priesteramt suspendiert.

Ein enger Freund Roths war der ebenfalls zur Münchener Erzdiözese zählende Priester Albert Hartl (1904–1982). Dieser kündigte nach dem Prozeß gegen den Direktor des Erzbischöflichen Knabenseminars in Freising, Josef Roßberger, der im kleinen Kreis der Präfekten – Hartl gehörte zu ihnen – nazifeindliche Äußerungen über den Reichstagsbrand gemacht hatte, den Priesterdienst. Zu diesem Schritt veranlaßte ihn sicher nicht nur der erwähnte Prozeß, bei dem er als Belastungszeuge wahrheitsgemäß ausgesagt und damit zur Verhaftung Roßbergers beigetragen hatte, sondern viel mehr seine Unzufriedenheit mit der Kirche ganz allgemein. Seine Bekanntschaft mit Himmler und Heydrich verschaffte ihm 1934 eine Stelle im Sicherheitsdienst (SD) zu Berlin, wo er von Stufe zu Stufe avancierte und schließlich im Reichssicherheitshauptamt (RSHA) als SS-Sturmbannführer das Referat IV B2 (Politischer Katholizismus) leitete. Der Austritt aus der Kirche und Eintritt in die NSDAP fiel Hartl nicht schwer, da der christliche Glaube und die katholische Kirche ihm schon zur Zeit des Theologiestudiums unlösbare Rätsel aufgegeben hatten. Auch hatte er erst auf inständiges Zureden des Spirituals in die Priesterweihe eingewilligt. Bei seiner Tätigkeit im Sicherheitsdienst, der mit der Geheimen Staatspolizei engstens zusammenarbeitete, wenngleich es nicht an Rivalitätskämpfen fehlte, kam es Hartl in erster Linie darauf an, die kirchliche Wirksamkeit genauestens zu überwachen und schrittweise einzuengen, weil christliche Lehre und nationalsozialistische Ideologie nach seiner Überzeugung nicht auf die Dauer nebeneinander bestehen konnten. Insofern stimmte Hartl mit jenen Parteiideologen überein, für die das sogenannte konfessionelle Christentum eines Tages ganz verschwinden mußte, wie es übrigens mit der Kirchenpolitik im Warthegau mustergültig vorexerziert wurde. Bei der Arbeitstagung der Kirchenbearbeiter bei den Staatspolizeileitstellen im RSHA am 22. und 23. September 1941 beendete Hartl als Vertreter des abwesenden SS-Obergruppenführers Heydrich sein richtungsweisendes Referat mit den Worten: »Jeder von Ihnen muß mit dem Herzen und mit einem wahren Fanatismus an die Arbeit gehen. Wenn bei dieser Arbeit auch mal hier und da Fehler unterlaufen, so darf dies keinesfalls entmutigen; denn Fehler werden überall gemacht. Hauptsache ist, daß immer wieder durch Entschlossenheit, Wille und wirksame Initiative dem Gegner entgegengetreten wird.« Hartl schied kurz danach aus persönlichen Gründen aus dem Amt IV und wurde fortan mit Sonderaufträgen betraut, die ihn öfter nach Rom führten.

Hartls Vorgänger als Referent für Politischen Katholizismus im Amt II des Geheimen Staatspolizeiamtes in München war der Priester, Religionslehrer und Kanonikus an der Stiftskirche St. Kajetan, Dr. Wilhelm August Patin. Er wirkte, nach Hartls Aussage, vorrangig mit bei der Erstellung der Namensliste jener Personen, die im Zusammenhang mit der »Röhm-Revolte« am 30. Juni 1934 ermordet wurden. In späteren Jahren soll derselbe Patin in Danzig an der Erschießung von einigen Domkapitularen mitschuldig geworden sein.

Von Hartl angeworben, trat der Priester Dr. Friedrich Murawski 1935 in den Sicherheitsdienst ein und wurde 1941 als SS-Hauptsturmführer Leiter des Referats VII B2 (Politische Kirchen). Besonders viel Mühe verwandte er auf die Mitarbeit an dem auf Himmlers Veranlassung eingerichteten »H-Sonderkommando«, das alle geschichtlichen Hexenprozesse sammeln sollte und tatsächlich eine ansehnliche, heute in einer polnischen Bibliothek aufbewahrte Sammlung zustande brachte.

Sogar in Joseph Goebbels' Propagandaministerium begegnen wir in Dr. Wolfgang Zenger einem Priester. Zenger, der sich erst nach dem Tod seiner Ehefrau, einer entfernten Verwandten Himmlers, für das Theologiestudium entschlossen hatte, wurde 1937 als Pfarrer von Rehau (Erzdiözese Bamberg) beurlaubt, um als Referent für die Bekämpfung der Gottlosenbewegung im Reichspropagandaministerium zu wirken. Als überzeugter Anhänger des Nationalsozialismus verfocht er die Nürnberger Rassengesetze ebenso wie die Gemeinschaftsschule. Zenger schied aber schon nach einem Jahr aus und amtierte nach diesem Intermezzo in Hitlers Diensten wieder als Pfarrer in der Bamberger Erzdiözese.

Theologische Abwehr

Von den Theologieprofessoren durfte man aufgrund ihres Berufes ganz selbstverständlich erwarten, daß sie die Auseinandersetzung mit dem weltanschaulichen Programm des Nationalsozialismus auf wissenschaftlicher Ebene führen und die ideologischen Widersprüche zum christlichen Glauben unmißverständlich aufzeigen würden. Einen konkreten Anlaß dazu bot der NSDAP-Ideologe Alfred Rosenberg schon 1930 mit seinem Buch »Der Mythus des XX. Jahrhunderts«, von dem im Laufe der Jahre zahlreiche Neuauflagen erschienen. 1935 betrug die Gesamtauflage 233 000 Exemplare.

Der Bonner Kirchenhistoriker Wilhelm Neuss nahm, von der studentischen Fachschaft dazu bewogen, den Fehdehandschuh zuerst auf, nachdem die in erster Linie gegen die Katholische Kirche gerichtete Schmähschrift im Jahre 1934 vom Heiligen Offizium auf den Index der verbotenen Bücher gesetzt worden war. In Zusammenarbeit mit Fakultätskollegen (J. Steinberg, K. Schäfer, B. Lakebrink, J. Greven, W. Schöllgen, A. Antweiler, H. Platz) und unterstützt durch die vom Kölner Kardinal Schulte 1934 gegründete »Abwehrstelle gegen die neue Weltanschauung«, die in Kaplan Joseph Teusch einen tüchtigen Leiter besaß – bis 1939 erschienen 20 Broschüren in einer Gesamtauflage von 17 Millionen Exemplaren –, bereitete er »Studien zum Mythus des XX. Jahrhunderts« vor, die ebenfalls mehrere Auflagen erlebten. Bemerkenswert ist, daß der Münsteraner Bischof Graf Galen die kirchliche Druckerlaubnis erteilte, weil der zuständige Kölner Erzbischof Schulte sie verweigert hatte. Über die Wirkung dieser »Studien« – die einzig wirklich bedeutsame Gegenschrift zur nazistischen Ideologie – fällte Rosenberg selbst in seiner Entgegnungsschrift »An die Dunkelmänner unserer Zeit« folgendes Urteil: »Diese ›Studien‹ sind nun das Hauptarsenal aller römisch-katholischen Schriftsteller, Prediger, zentrümlichen Zeitschriften und Zeitungen geworden, und die Argumente, die hier systematisch von einem Mittelpunkt ausgehen, tönen tausendfach bis ins kleinste Kirchenspiel wider und werden zugleich von der Weltpresse aller Staaten genau so treu nachgesprochen.« So hilfreich und gefürchtet diese historisch-theologische Verteidigung auch war, sie blieb doch eine Einzelaktion, weil nicht die Gesamtheit der Universitätstheologie auf den Plan trat. Es gab inzwischen auch andere Theologen, die mit nazifreundlichen Schritten nicht nur sich selbst, sondern auch die von ihnen vertretene Theologie gehörig kompromittiert hatten, z. B. J. Lortz und M. Schmaus als Autoren der neuen Schriftreihe »Reich und Kirche«. Eine geschlossene Abwehrphalanx gegen nazistisches Ideengut konnte sich schon deswegen nicht bilden, weil fast in jeder katholisch-theologischen Fakultät neben nazifeindlichen Professoren auch nazifreundliche Kollegen vertreten waren.

Nazitheologen

Die Theologische Fakultät in Braunsberg stellte in Karl Eschweiler, Hans Barion und Joseph Lortz gleich drei Mitglieder der NSDAP. In seinem Aufsatz »Die Kirche im Neuen Reich« argumentierte der systematische Theologe Eschweiler (1886–1936) für eine Vereinbarkeit von katholischer Religion und nationalsozialistischer Weltanschauung. An dieser Meinung hielt der 1934 suspendierte Priester auch nach seiner Rekonziliation (1935) bis zu seinem baldigen Tod fest. Konsequent ließ er sich nicht in priesterlichen Gewändern beerdigen, sondern »in der Parteiuniform mit den Parteiabzeichen« (W. Adolph).

Im Gegensatz zu Eschweiler erkannte der Kirchenhistoriker Joseph Lortz schon bald nach seiner positiven Würdigung des Nationalsozialismus in dem gedruckten Vortrag »Katholischer Zugang zum Nationalsozialismus«, daß er einer bösen Täuschung anheimgefallen war. 1938 erklärte er, jetzt in Münster Nachfolger von Josef Schmidlin, der wegen seiner Gegnerschaft zum Nationalsozialismus zwangspensioniert worden war und 1944 im KZ Schirmeck verstarb, seinen Austritt aus der Partei und erwarb sich später das Vertrauen des wegen seiner Resistenz bekannten Bischofs Galen.

Der Kirchenrechtler Hans Barion bereitete der Kirchenobrigkeit wegen Gutachten für die Sterilisation und gegen Kircheninteressen bei den Konkordatsverhandlungen enorme Sorgen, so daß auch ihn die Strafe der Suspension traf. Als er 1937 an die Universität München berufen werden sollte, verweigerte Erzbischof Faulhaber das notwendige Plazet für den inzwischen von der Zensur gelösten Priester. Reichsminister Rust sprach trotzdem die Ernennung aus, und auch Faulhaber erteilte im März 1939 die missio canonica, weil Barion sich im Wintersemester »ruhig« verhalten habe. Die Regierung nahm jedoch diesen Konflikt zum willkommenen Anlaß, um die Theologische Fakultät in München noch 1939 zu schließen. Barion erhielt jetzt einen Lehrstuhl in Bonn, den er aber nach dem Krieg verlor und trotz Einspruch beim Verwaltungsgericht nicht wiedererlangen konnte.

Wie Lortz bekundete der in Münster lehrende Dogmatiker Michael Schmaus zu Anfang des Dritten Reiches offen seine Sympathie für die nationalsozialistische Bewegung, die »an die Stelle des mechanistischen Weltbildes die organische Weltanschauung, an die Stelle der liberalistischen und individualistischen Lebenshaltung die Bindung an das Gegebene, an die Erde, an die Gemeinschaft« setze. Während jedoch Lortz nach dem Krieg vom Staat abgesetzt und später in die Philosophische Fakultät der Universität Mainz aufgenommen wurde, erreichte Schmaus, der allerdings kein Parteigenosse gewesen war, sogleich ein Ruf an die Theologische Fakultät der Universität München.

»Die Katholisch-Theologische Fakultät der Universität Würzburg während der Zeit des Dritten Reiches«, so heißt der Titel eines instruktiven Aufsatzes von Klaus Wittstadt, der als beispielhafte Fallstudie für andere theologische Fakultäten gelten kann. Neben dezidierten Nazigegnern unter den Theologen gab es manchen Mitläufer der neuen Bewegung und zwei eingeschriebene Mitglieder der Partei, den Moral- und Pastoraltheologen Ludwig Ruland und den Kirchenhistoriker Ludwig Mohler, der allerdings als Nachfolger von Sebastian Merkle nur zwei Jahre in Würzburg dozierte, bis er 1937 einem Ruf an die Universität München folgte. In einem Wahlaufruf, veröffentlicht in der NSDAP-Tageszeitung »Völkischer Beobachter« (8.11.1933), huldigte Ruland dem Führer mit folgenden Sätzen: »Klare Zielsetzung, ein unbezwinglicher, eiserner Wille sind die wesentlichen Eigenschaften Adolf Hitlers. Adolf Hitler hat uns das Selbstvertrauen wiedergegeben ... Wir wissen heute, wer der Führer von Gottes Gnaden ist, den die Vorsehung Gottes auf den richtigen Platz gestellt hat. Darum dürfen ihm die bayerischen Katholiken nicht nur im Volksentscheid, sondern auch in der Wahlliste ihre Stimme nicht versagen. Denn das hieße, dem Führer am Anfange seines Riesenwerkes in den Rücken fallen und seine Kraft zwar nicht aufhalten, aber doch schwächen ... Und unser Herz muß schlagen für unser Volk, für Deutschland, für unseren von der Vorsehung geschickten Führer.«

Der Münchener Pastoraltheologe Joseph Pascher sprach 1966 in seinem Vortrag »Das Dritte Reich, erlebt an drei deutschen Universitäten« die Überzeugung aus, »die Universität hätte den Verstoß gegen das Recht und die Untergrabung des Rechtsstaates auf der ganzen Front angehen müssen. Daß dies nicht geschah, war ein klares Versagen der deutschen Universität«, insbesondere – so muß man wohl hinzufügen – der theologischen Fakultäten, die sogar im sogenannten Weltanschauungskrieg weit hinter ihrer Verpflichtung zurückgeblieben sind.

Deutlicher noch sprach dies der emeritierte Philosophieprofessor Hans Pfeil (geb. 1903), Priester des Bistums Meißen, bei einem Gespräch in seiner Bamberger Wohnung aus. Er, der das Dritte Reich zunächst als Privatdozent an der Universität Würzburg und von 1938 an als Professor an der Universität Münster erlebt hat, gewährte mir Einblick in seine noch unveröffentlichte Vita, worin diese wichtige Aussage zu lesen steht: »1945 erfolgte der Zusammenbruch des Dritten Reiches, und die noch gestern auf den ›Führer‹ geschworen hatten, wollten es heute nicht wahrhaben. Man muß die Jahre 1933–1945 an einer Universität erlebt haben, um zu wissen, was von der Überzeugungstreue und dem Mannesmut mancher Wissenschaftler zu halten ist. Ich klage nicht an, aber ich kann nicht bewundern, wo Verachtung am Platze ist. Viele hatten ihre Gesinnung gewechselt oder verkauft, manche hatten geschwiegen, nur wenige hatten widerstanden; und jetzt gab es keinen mehr, der Nationalsozialist gewesen war.«

Entnazifizierung oder: Keiner will dabeigewesen sein

Nach dem Zusammenbruch des Dritten Reiches war es ein Hauptanliegen nicht nur der wirklichen Nazis, ihre Mittäterschaft soweit wie möglich zu leugnen oder zu verdecken. Dabei kam ihnen im Laufe der Nachkriegsjahre zu Hilfe, daß immer mehr Deutsche es müde waren, ständig an die Fehler und Verbrechen der Nazizeit erinnert zu werden, und daß auch die alliierten Sieger bald von einer anfänglich scharfen Verfolgung immer mehr zu einer Begnadigungspolitik übergingen, die sich in mehreren Amnestiegesetzen artikulierte.

Die sogenannte Entnazifizierung betroffener Kleriker sollte von Anfang an Sache der Kirchenautorität selbst sein. Nur wenn ein Geistlicher Mitglied der NSDAP gewesen war, mußte er sich, wie alle anderen Bürger, dem Spruchkammerverfahren unterziehen.

Eine wirkliche Entnazifizierung fand innerhalb der Kirche so gut wie nicht statt. Alle blieben auf dem Posten, auch wenn sich der eine oder andere wegen seiner Zusammenarbeit mit Nazibehörden, die vielleicht jetzt erst ans Tageslicht kam, gründlich in Mißkredit gebracht hatte. Und wenn doch ein Pfarrer im Verfahren als Hauptschuldiger eingestuft worden war, dauerte es meist nicht lange, bis er als Mitläufer galt und mit einer Geldstrafe sich gänzlich »loskaufte«. So erging es z. B. dem Augsburger Diözesangeistlichen Philipp Haeuser, der dann seinen Lebensabend im Kloster Oberschönenfeld verbrachte.

In dieser Art Abrechnung mit einer unangenehmen Vergangenheit offenbarte sich eine typisch kirchliche Mentalität insofern, als bei allem Schuldbekenntnis doch Rücksicht genommen werden sollte auf das Ansehen der Kirche als Institution. So schrieben die deutschen Bischöfe schon in ihrem Hirtenbrief vom 29. Juni 1945, dem ersten nach dem Krieg: »Wer ist wissend und vor allem selbstlos genug, um Schuld und Entschuldigung gegeneinander abzuwägen? Wir sind mit offenen Augen durch die letzten Jahre gegangen, wir haben unsäglich gelitten unter so manchem Unrecht, womit sich unser Volk befleckt hat. Wir weigern uns nicht, vor Gott an unsere Brust zu schlagen, wie der demütige Zöllner im Tempel, und zu sagen: Gott sei uns Armen gnädig. Freilich haben wir auch so viel Selbstachtung, daß wir solches Schuldbewußtsein nicht in die Welt hinausschreien, zumal wir aus der Geschichte die Fragwürdigkeit menschlicher Urteile gelernt und höchst unerwünschte Wirkungen allgemeiner Schuldbekenntnisse erfahren haben.« Von Buße und Wiedergutmachung ist nirgends zu lesen.

Statt des eigentlichen Schuldbekenntnisses und der angemessenen Bußleistung, wie es in der Kirche sonst strenge Pflicht ist, begegnen wir häufig einer Art von Selbstdispensierung. Noch schlimmer freilich ist es, wenn mancher Prälat für sein »kluges« Verhalten jetzt sogar Lob ernten durfte. Dies war der Fall bei Erzbischof Orsenigo, dem übervorsichtigen und risikoscheuen Nuntius in Berlin, der sich Monate vor Kriegsende von Berlin nach Eichstätt abgesetzt hatte, um den Sowjets nicht begegnen zu müssen, vielleicht auch aus Angst, wegen seiner allzu großen Konzilianz und teilweisen Kollaboration mit den Machthabern des Dritten Reiches zur Rechenschaft gezogen zu werden. Jedenfalls rühmte Erzbischof Faulhaber den am 1. April 1946 verstorbenen Nuntius Orsenigo in einer Gedächtnisrede als einen verdienstvollen Mittler des Papstes in gefährlicher Zeit. Und auch der bayerische Episkopat fand in seinem Hirtenwort vom 9. April 1946 für Orsenigo lobende Worte: »Unermüdlich hat er gearbeitet und große Opfer gebracht für die katholische Kirche Deutschlands: durch seine kluge, vornehm ruhige Haltung hat er den völligen äußeren Bruch mit einer dem Heiligen Stuhl fremd und feindlich gegenüberstehenden Regierung zu vermeiden gesucht. Durch sein opferreiches Wirken und geduldiges Leiden hat er sich einen Anspruch auf den tiefen und dauernden Dank der deutschen Katholiken erworben.« So läßt sich auch das Entstehen mancher Heiligenlegende in früherer Zeit leichter verstehen. Heute jedoch müssen solche Glorifizierungsversuche von Anfang an als Geschichtsfälschung entlarvt werden.

Es gibt aber auch – freilich ungleich seltener – den gegenteiligen Fall, daß ein Bischof wegen seiner Vermittlerrolle gegenüber dem Naziregime vom Vatikan im Stich gelassen wurde. Dieses Schicksal widerfuhr dem Rektor des deutsch-österreichischen Priesterkollegs S. Maria dell' Anima, Weihbischof Hudal, der nach dem Krieg vielen Nazifunktionären zur Flucht ins Ausland verholfen hat. In seinen »Römischen Tagebüchern« – mit dem Untertitel »Lebensbeichte eines alten Bischofs«, der zutreffender »Rechtfertigungsversuche eines uneinsichtigen Bischofs« hieße – findet sich der nicht nur für den Autor charakteristische Satz: »Ist es ein Verbrechen, alles bis zum Letzten versucht zu haben, um zu einer Kompromißlösung zwischen NS-Führung und der Kirche zu kommen?« Daß Hudal im Jahre 1952 vom Vatikan gezwungen wurde, als Rektor der Anima zurückzutreten, steht fest; ungewiß ist jedoch, ob der Substitut im Staatssekretariat, Monsignore Montini (der spätere Papst Paul VI.), oder Pius XII. selbst als die treibende Kraft zu diesem erzwungenen Rücktritt anzusehen ist. Der gemaßregelte Bischof Hudal verzichtete, tief erschüttert über die nach seiner Meinung »unwürdige, ungerechte, um nicht zu sagen pharisäische Behandlung«, »freiwillig« auf seine bischöfliche Würde und alle anderen Titel. Sein Abschiedsbrief an Pius XII. vom Weihnachtsabend 1952 enthält diese bitteren Fragen und Klagen: »Ist das also die Sprache des Christentums oder nicht vielmehr jene von Pharisäern und Karikaturen des Evangeliums? Was haben einfache Priester von einem solchen System der Willkürherrschaft zu erwarten, wenn Bischöfe dieser Behandlung ausgesetzt werden? Ich zweifle aber nicht, daß ein letzter ewiger Richter einst gerecht und barmherzig alles beurteilen wird, was ich geirrt haben sollte, und jenes, was ich auch an positiven Leistungen in den langen Jahren meines Priestertums mit schwachen Kräften und reiner Absicht getreu meinem Wahlspruch ›Ecclesiae et Nationi‹ zu vollbringen wenigstens bestrebt war. Schmerzerfüllt denke ich an die letzten Worte von Buonaiuti: ›La Curia romana non ha un cuore‹ (Die römische Kurie hat kein Herz). Ich persönlich muß aus eigener Lebens-

erfahrung noch dazufügen: ›Tante volte anche non giustizia‹
(Und oft auch keine Gerechtigkeit).«

Was ist Widerstand der Kirche?

Über kaum ein anderes Thema gehen die Meinungen so weit auseinander wie über den Widerstand der Katholischen Kirche im
Dritten Reich. Während die einen Kritiker der damaligen Kirche, insbesondere den Amtsträgern, ein nahezu vollständiges
Versagen zuschreiben, rühmen andere die enorm große Wider-
standskraft derselben Kirchenkreise.

Der Bayreuther Politikwissenschaftler Konrad Löw äußerte
bei der Geschwister-Scholl-Woche des Kartellverbandes Katholischer deutscher Studentenvereine im Februar 1984 in München
die Ansicht: »Vor Hitlers Machtergreifung und erneut ab Herbst
1933 stand die Katholische Kirche fast wie ein Mann in Abwehr-
haltung gegenüber dem Nationalsozialismus.« In diesen Worten
haben wir ein Musterbeispiel pauschaler Beurteilung, die jedem,
der sich mit der komplizierten Geschichte der Kirche im Dritten
Reich nur ein wenig beschäftigt hat, Schrecken einjagt. Und von
der in die Augen springenden apologetischen Tendenz wollen
wir ganz schweigen.

Die Schwierigkeit beginnt schon damit, daß Widerstand ein
vieldeutiger Begriff ist. Wenn man ihn eng interpretiert, hat er
physisches Widerstandleisten zum Inhalt; faßt man ihn aber
weit, dann reicht schon eine nur innere Antihaltung aus, um als
Widerstandskämpfer zu gelten. Bei Widerstand im eigentlichen
Sinn muß zum Andersdenken auch die Bereitschaft zum riskan-
ten Andershandeln oder Zuwiderhandeln treten. Ein Widerstand, mit dem keine Gefahr verbunden ist, bleibt im Bereich der
Demonstration, wie wir sie im demokratischen Rechtsstaat ge-
wohnt sind.

Um aber den kirchlichen Widerstand in einer bestimmten Sache oder zu einer bestimmten Zeit angemessen erkennen und
bewerten zu können, muß zuvor geklärt sein, worin die eigentliche Aufgabe der Kirche gesehen wird. Erst wenn diese Frage
genügend beantwortet ist, läßt sich angeben, wann die Kirche
mit Widerstand, der von christlicher Beschwerde bis zu aktiver

Resistenz reichen kann, auftreten muß, weil sie sonst eine wichtige Voraussetzung für die Erfüllung ihrer Aufgabe vernachlässigen würde.

Kirche als Heilsinstitution

Solange die Kirche nur eine religiös-sakramentale Einrichtung darstellt, reicht es völlig aus, wenn ihre Repräsentanten dafür Sorge tragen, daß die rein pastorale Betreuung der Kirchenmitglieder gewährleistet ist; dann genügt es auch, wenn sie erst bei Beeinträchtigungen des Seelsorgebereichs sich zur Wehr setzt.

Für einen derart rein religiösen Kirchenbegriff sprach sich der katholische Historiker Karl Otmar von Aretin im Februar 1983 bei einer Tagung der Katholischen Akademie aus: »Politischer Widerstand ist keine Aufgabe der Kirche. Die Kirche hat für eine geregelte Seelsorge zu sorgen. Ein Protest gegen Unrecht und Gewalt kann nicht ihre vordringlichste Aufgabe sein, wenn sie damit ihre anderen Aufgaben gefährdet.«

Dieselbe Argumentation hat der katholische Verlagsredakteur Konrad Hofmann 1946 in dem von ihm herausgegebenen Sammelband »Zeugnis und Kampf des deutschen Episkopats. Gemeinsame Hirtenbriefe und Denkschriften« gebraucht, wenn er in der Einleitung betont: Die Bischöfe »waren zur Stellungnahme und Mitwirkung auf dem staatsrechtlichen und politischen Feld auch gar nicht berufen. Nur rein religiöse und kirchliche Fragen und sogenannte gemischte Sachen fielen in ihre Verantwortung und Betreuung.«

Ebenso hat es in Hitlers »Tausendjährigem Reich« nicht an bischöflichen Stimmen gefehlt, die einen spirituellen oder gar spiritualistischen Kirchenbegriff für richtig hielten und danach auch ihre Tätigkeit ausrichteten. Verwunderlich ist dieser Standpunkt freilich, wenn man weiß, daß die Katholische Kirche zu allen Zeiten in der Politik kräftig und auch erfolgreich mitgemischt hat. Und ausgerechnet im Jahrdutzend der Nazidiktatur, da die Menschenrechte mit Füßen getreten wurden, sollte die Kirche nur einen pastoralen Auftrag zu erfüllen haben und damit das weite Feld der Politik, das heißt letztlich das gesamte öffentliche Leben, den politischen Machthabern überlassen dürfen?

In der Denkschrift für Hitler vom 20. August 1935 erklärte der Episkopat in aller Deutlichkeit: »Wir Bischöfe, auf deren Gewissen die Aufsicht über die katholischen Vereine liegt, verbürgen uns, daß diese katholischen Verbände keine politischen oder gar, was Wahnsinn wäre, dem jetzigen Regiment feindlichen Tendenzen pflegen.« Dies bedeutete doch, daß die katholischen Verbände und Vereine nur apolitische Arbeit leisten und den staatspolitischen Raum den Nationalsozialisten überlassen sollten. Der Staat galt als die für das gesellschaftspolitische Leben zuständige Instanz, der die Staatsbürger Gehorsam schuldeten. »In Wirklichkeit habe ich niemals, weder ›offen‹ noch ›versteckt‹, den Nationalsozialismus oder den nationalsozialistischen Staat als politisches Machtgebilde angegriffen«, versicherte Erzbischof Gröber in einem Schreiben vom 29. November 1941 an den badischen Kultusminister in Karlsruhe, »sondern lediglich mich aus christlichem und wissenschaftlichem Ehr- und Pflichtgefühl gegen die derzeitig bis in die Schulbücher hinein laufenden Angriffe gegen das Christentum und die katholische Kirche gewehrt.« Im Laufe der Jahre hatten die Bischöfe sich so weit zurückgezogen, daß sie zufrieden waren, wenn die christliche Lehre in der Kirche und vielleicht auch noch im schulischen Religionsunterricht verkündet werden durfte.

Doch selbst dieser rein religiös motivierten Abwehr nazistischer Ideologie von Seiten der Kirchenführer fehlte es in den ersten Jahren an der nötigen Entschlossenheit und auch Geschlossenheit. Reinhard Heydrich, Chef der Sicherheitspolizei und des Sicherheitsdienstes, stellte in einem Schreiben vom 15. April 1941 an Reichsminister Lammers, den Chef der Reichskanzlei, mit sichtlicher Schadenfreude fest, die Bischöfe seien nicht imstande, eine »einheitliche Front« gegen die von Regierung und Partei betriebene Kirchenpolitik aufzurichten.

Im Jahr zuvor, am 10. September 1940, hatte derselbe Heydrich Außenminister von Ribbentrop eine private Äußerung des Münchener Erzbischofs Faulhaber als erfreuliche Neuigkeit mitgeteilt. Faulhaber habe im vertrauten Kreis Folgendes gesagt: »1933 war der Nationalsozialismus noch ein kleines Bächlein und man hätte ihn leicht in entsprechende christliche Bahnen leiten können. Heute ist der Nationalsozialismus ein reißender

Strom geworden, und es ist die große Schuld der deutschen Bischöfe und ihrer Ratgeber, daß sie es damals versäumt haben, den Nationalsozialismus durch Kompromisse zu überwinden. Wenn heute dieser reißende Strom noch aufgehalten und in andere Bahnen gelenkt werden kann, dann nur auf weite Sicht durch entsprechende Zugeständnisse und Kompromisse.« Diese Überlieferung klingt durchaus plausibel, bestätigt sie doch voll und ganz den seit 1933 eingeschlagenen Kurs der Bischöfe, die nach der alles entscheidenden Phase der Anpassung im Jahr 1933 keinen Weg mehr fanden zu einer dringend geforderten Opposition um jeden Preis, auch um den Preis eigenen Unterliegens, das jedoch in Wirklichkeit ein moralisches Siegen bedeutet hätte. So jedoch drangen sie über eine Vielzahl schriftlicher und mündlicher Proteste und Denkschriften an Regierungs- und Parteiorgane nicht hinaus. Nur selten rafften sie sich zu mutigen Kanzelworten auf, wie z.B. Bischof Galen gegen die Euthanasie-Aktion. Folglich konnte auch die vielverletzte Humanität langsam, aber sicher totgeschlagen werden. Hier liegt wohl die größte Mitschuld der Kirchenautorität.

»Wir Deutsche dieser Jahre – keuchende Ruderklaven im Bauch der Staatsgaleere (ich spreche im geliehenen Bild) – wir haben aufgeatmet, als endlich wieder, und diesmal ohne Spott und Hohn, das Wort Humanität aus langer Verbannung zu uns zurückkehrte« (Joseph Bernhart). So weit konnte und mußte es kommen, wenn man sich als Kirche auf den Kirchenraum beschränkt und die Welt ihren eigenen Gesetzgebern und Machthabern überläßt.

Zu diesem Rückzug aus dem politischen Geschehen waren die Bischöfe übrigens gemäß Reichskonkordat sogar verpflichtet; denn im heute noch gültigen Artikel 32 heißt es: »Auf Grund der in Deutschland bestehenden besonderen Verhältnisse wie im Hinblick auf die durch die Bestimmungen des vorstehenden Konkordats geschaffenen Sicherungen einer die Rechte und Freiheiten der katholischen Kirche im Reich und seinen Ländern wahrenden Gesetzgebung erläßt der Heilige Stuhl Bestimmungen, die für die Geistlichen und Ordensleute die Mitgliedschaft in politischen Parteien und die Tätigkeit für solche Parteien ausschließen.« Mit diesem Verzicht auf jeden unmittelbaren politi-

schen Anspruch und Einfluß gab die Klerus-Kirche ihre öffentliche Verantwortung preis und erlangte dafür, wie gesehen, bestimmte Zugeständnisse auf den für die Katholische Kirche
schon immer wichtigen Gebieten der Kirchen- und der Schulpo-
litik. Diese schätzte sie stets höher ein als die Verteidigung des
demokratisch-parlamentarischen Staates, zu dem vor allem die
kirchliche Hierarchie dieser Zeit in einem gespaltenen Verhältnis
stand.

Auf dem Hintergrund eines derart weltfremden, weil total unpolitischen Kirchenverständnisses fiel und fällt es freilich nicht
schwer, allen Bischöfen und Priestern im Dritten Reich die Me-
daille »Widerstandskämpfer« an die Soutane zu heften. Um
diese Auszeichnung zu erlangen, genügte es bereits, wenn der
Seelsorger seine Hauptaufgabe – wie sie damals weithin gesehen
wurde –, nämlich Gottesdienstfeier, Sakramentenspendung,
Predigt und Religionsunterricht gewissenhaft erfüllt hatte. Und
es ist auch gar nicht zu bestreiten, daß die Inhaber kirchlicher
Ämter, von wenigen Ausnahmen abgesehen, in jenen Jahren für
die spezifisch kirchlichen Interessen eingetreten sind. Die Frage
lautet nur, ob dieser Aktionsradius aufgrund eines einseitigen
Kirchenbildes nicht zu eng gezogen war, so daß jene ebenso
wichtigen Forderungen, die auf die menschlichen Freiheits-
rechte zielen, vollständig ausgeklammert blieben.

Kirche als gesellschaftskritische Institution

Ist die Kirche von ihrem Programm her, das in der Bibel nieder-
geschrieben ist, wirklich nur eine Institution mit rein religiösen
Motiven und Zielen? Bedeutet »Seelsorge«, wie sie seit Jahrhun-
derten praktiziert wird, tatsächlich nur Sorge für die Seele des
Menschen? Und was ist dann mit dem Leib des Menschen? Gibt
es dafür den »Leibsorger«, d. h. den Arzt, den Gymnastiklehrer
oder auch – sozusagen als Grenzgänger – den psychosomati-
schen Therapeuten? Muß die Kirche Jesu Christi nicht auch über
die engen Kirchenmauern hinaus im gesamten gesellschaftspolitischen Leben präsent sein, um dort ihr Evangelium von der
Liebe Gottes und der Freiheit der Menschen zu verkünden?

Die Kirche ist in der Tat als Künderin der Liebe Gottes zu

allen Menschen und der Erlösung aller Menschen durch Jesus Christus verpflichtet, für die Rechte aller Menschen, ohne Rücksicht auf Name, Stand und Rasse, kraftvoll einzutreten. Dieses totale Engagement für den Menschen und seine Rechte – soll man es »Theologie der Befreiung« oder »Politische Theologie« nennen? – ergibt sich aus dem Hauptgebot der christlichen Nächstenliebe, das dem Hauptgebot der Gottesliebe gleichgestellt ist. Deshalb muß die Kirche, will sie Kirche sein und bleiben, Protest erheben und Widerstand leisten, wenn Menschen in ihren Grundrechten verletzt werden. Diese Verpflichtung endet auch nicht bei den eigenen Mitgliedern der Kirche, weil Jesus für alle Menschen gehandelt hat und nicht nur für die »Seinen« im Sinne der Frommen oder an ihn Glaubenden. Vertröstungen auf ein selig-schönes Schwelgen im jenseitigen Himmel nach einem miserablen Leben auf dieser Erde sind dem Christen nicht gestattet, sind unchristlich, wenn sie nur dazu dienen sollen, ungerechte Verhältnisse und Strukturen aufrechtzuerhalten; sie wären eher Grund zur Anklage als Entschuldigung für die Prediger des christlichen Evangeliums. Das dem Menschen von Gott zugesprochene Heil und das irdische Wohl des Menschen bleiben aufeinander bezogen. Somit hat die Kirche als eine gesellschaftskritische Institution auch eine kritisch-befreiende Aufgabe zu erfüllen.

Der Fundamentaltheologe Johann Baptist Metz, als Initiator und Promotor einer »Politischen Theologie« ebenso geschätzt wie geschmäht, faßte die ganzheitliche Verantwortung der Kirche in die prägnante Formel: »Eine Kirche, die nicht politisch ist, kann auch nicht pastoral sein.«

Ebenso deutlich plädiert der politische Journalist und aktive Katholik Franz Alt in seinem Büchlein »Frieden ist möglich. Die Politik der Bergpredigt« für eine religiös-politische Kirche: »Das folgenschwere Schisma des Christentums ist nicht Luthers Kirchenspaltung, sondern die Trennung von Religion und Politik. Dieses moderne Schisma spaltet den Menschen in religiös und politisch, in fromm oder gescheit, in christlich fühlen oder materialistisch handeln, in theologisch oder philosophisch, in spirituell oder technisch. Die Konsequenz dieser Spaltung heißt liturgische Sonntagskirche auf der einen Seite und religionsloser

Werktag auf der andern. So ist das Christentum in den Industrie-staaten zu einer saft- und kraftlosen Mittelstandsideologie ver-kommen. Christentum als Seelenmassage, aber ohne Umkehr der Herzen – Religion privatisiert.«

Aus diesem umfassenden Kirchenbegriff folgt für Kirchenbeamte wie Kirchenvolk der totale Einsatz inmitten der Welt. Dies hat freilich auch zur Konsequenz, daß die Christen in einem weltanschaulich neutralen Staat und in einer pluralistischen Gesellschaft mannigfachen Konflikten und Konfrontationen mit anderslautenden Meinungen und andersbefehlenden Mächten ausgesetzt bleiben. Dialog und Toleranz sind von jedem gefordert, Schweigen und Rechthaberei gelten als Feigheit oder Verrat.

Einsatz bis zum Martyrium

Wenn im christlichen Bereich von Widerstand oder richtiger vom Zeugnisgeben die Rede ist, darf das Wort Martyrium nicht unerwähnt bleiben. Die Bereitschaft zur Hingabe des Lebens um des Glaubens willen oder auch zur Verteidigung menschlicher Rechte kann im Einzelfall als schwere Gewissensforderung gelten. In der Apostelgeschichte (5,29) heißt es: Die Apostel »gingen weg vom Hohen Rat und freuten sich, daß sie gewürdigt worden waren, für seinen Namen Schmach zu erleiden«. Dieser Wille zum Erleiden von Nachteilen und Tod ist mit den Christenverfolgungen in der Alten Kirche keineswegs erloschen. Es gab immer wieder Christen, die sich ihren Glauben an Gott und Jesus Christus viel kosten ließen und bereit waren, dafür alles aufs Spiel zu setzen. Der polnische Ordensmann Maximilian Kolbe ist 1943 an Stelle eines Familienvaters in den sicheren Tod gegangen. 40 Jahre später hat Johannes Paul II. seinen tapferen Landsmann wegen des freiwilligen Einsatzes seines Lebens heiliggesprochen. Der Franziskanerpater Maximilian gilt in erster Linie als ein Martyrer der Nächstenliebe, die freilich auf dem Boden seines christlichen Glaubens erwachsen ist.

Auch unter dem Terror- und Verbrechersystem des Dritten Reiches haben ungezählte Priester und Laien wegen des Bekenntnisses zum christlichen Glauben oder aus Liebe zu notleidenden und ungerecht verfolgten Menschen viele Nachteile, bis zur Gefängnis- und KZ-Haft und sogar bis zum Tod, auf sich genommen. Ein einziger öffentlicher Protest konnte schon die schlimmsten Folgen zeitigen. Dessen war sich auch der Bischof von Münster, Clemens von Galen, bewußt, als er sich 1941 zu seinen rücksichtslosen Predigten gegen das nationalsozialistische Regime, speziell gegen das mörderische Euthanasie-Programm entschloß. So erklärte er auf der Kanzel: »Es kann sein, daß der Gehorsam gegen Gott, die Treue gegen das Gewissen, mir oder Euch das Leben, die Freiheit oder die Heimat kostet. Aber lieber sterben als sündigen!« Dies galt dem gewissenhaften Christen schon immer als das höchste Gebot. Hätte es nicht umso mehr im Dritten Reich mit seiner »Umwertung aller Werte« gelten müssen?

Aus diesem Grund auch hat der französische Kurienkardinal Eugène Tisserant, wie seinem Brief vom 11. Juni 1940 – nur wenige Tage vor der Kapitulation Frankreichs vor den deutschen Invasionstruppen – an den Erzbischof von Paris, Kardinal Emmanuel Suhard, zu entnehmen ist, »den Heiligen Vater seit Anfang Dezember beharrlich gebeten, eine Enzyklika zu erlassen über die Pflicht jedes einzelnen, dem Ruf des Gewissens zu gehorchen, denn das ist der entscheidende Punkt des Christentums«. Weil er aber bei der höchsten Kirchenautorität kein Gehör fand, klagte er in demselben Schreiben bitter: »Ich fürchte, die Geschichte wird dem Heiligen Stuhl vorzuwerfen haben, er habe eine Politik der Bequemlichkeit für sich selbst verfolgt, und nicht viel mehr. Das ist äußerst traurig.«

Zeugen ihres Glaubens und Gewissens

Es hat auch und gerade zur Zeit der Hitlerdiktatur nicht an katholischen Männern und Frauen im Deutschen Reich und in den von deutschen Truppen besetzten Ländern im Osten wie im Westen gefehlt, die ihren christlichen Glauben weit höher schätzten als ihre persönliche Karriere und die entschlossen waren, für die Unterstützung verfolgter, entrechteter und verhafteter Menschen jeden Nachteil, und sei es der Tod, auf sich zu nehmen. Viele von ihnen sind heute vergessen, die meisten nicht einmal dem Namen nach bekannt. Gerade die allein und unerkannt Widerstand leistenden Menschen sind die größten Helden: denn »es ist unendlich viel leichter in Gemeinschaft zu leiden als in Einsamkeit. Es ist unendlich viel leichter öffentlich und unter Ehren zu leiden als abseits und in Schanden« (D. Bonhoeffer).

Der tschechische Kommunist Julius Fučik, 1943 zum Tod verurteilt und in Berlin enthauptet, krizzelte im Prager Gefängnis auf Papierfetzen dieses Vermächtnis: »Um eines bitte ich: Ihr, die ihr diese Zeit überleben werdet, vergeßt nicht. Vergeßt weder die Guten noch die Bösen. Sammelt geduldig ihre Zeugnisse über alle, die für sich selbst und für euch gefallen sind. Eines Tages wird das Heute Vergangenheit sein, man wird von der großen Zeit und von den namenlosen Helden sprechen, die Geschichte machten. Ich möchte festhalten, daß es keine namenlosen Helden gab. Daß sie Menschen waren, die einen Namen, ein Gesicht, die Sehnsüchte und Hoffnungen hatten, und daß deshalb der Schmerz auch des allerletzten unter ihnen nicht geringer war als der Schmerz des ersten, dessen Name überdauert. Ich möchte, daß sie allesamt euch immer nahe bleiben, wie Bekannte, wie Verwandte, wie ihr selbst.«

Wenn wir dennoch einige jener mutigen Zeugen und Martyrer, sogenannte Prominente in einer Schar von Millionen, in Erinnerung rufen, dann zum Gedenken an alle ihre Leidensgenossen und vor allem zur dauernden Mahnung für uns und für die, welche nach uns kommen.

Am besten bekannt sind die Namen jener Priester, die in den Jahren 1933–1945 aus verschiedenen Gründen nach einem Gerichtsverfahren oder auch ohne Gerichtsurteil in Gefängnissen oder Konzentrationslagern inhaftiert waren. Die deutschen Geistlichen wurden der Zahl nach weit übertroffen von ihren ausländischen, hauptsächlich polnischen Mitbrüdern.

Pius XII. gedachte am 2. Juni 1945 in einer Ansprache an das Kollegium der Kardinäle aller, die im Dritten Reich ihres Glaubensbekenntnisses wegen Gefängnishaft erleiden mußten: »Aus den Gefängnissen, aus den Konzentrationslagern, aus den Zuchthäusern strömen jetzt zusammen mit den politischen Gefangenen auch die Scharen von Priestern und Laien, deren einziges Vergehen in der Treue zu Christus und zum Glauben der Väter oder in der mutigen Erfüllung der priesterlichen Pflichten bestand.« Der Papst berief sich dabei auf Informationen von Priestern und Laien, »die als Internierte im Lager Dachau gewürdigt wurden, um des Namens Jesu willen Schmach zu dulden«. An erster Stelle erwähnte er die 2800 polnischen Geistlichen und Ordensleute, von denen nur 816 Häftlinge überlebten. »Für Sommer 1942 wurden als dort eingebracht 480 Kultdiener deutscher Zunge angegeben, von denen 45 Protestanten und alle anderen katholische Priester waren. Trotz des ständigen Zugangs von neuen Internierten, besonders aus einigen Diözesen Bayerns, des Rheinlands und Westfalens, war ihre Zahl infolge der starken Sterblichkeit zu Beginn dieses Jahres nicht über 350.« Außerdem gedachte das Oberhaupt der Katholischen Kirche der Geistlichen aus anderen Ländern wie Holland, Belgien, Frankreich und Italien. Alle zusammen rühmte er als »hochherzige Menschen, die zwölf Jahre hindurch, von 1933 an, in Deutschland für Christus und seine Kirche das Opfer des persönlichen Besitzes, der persönlichen Freiheit und des eigenen Lebens gebracht haben«.

Auch die deutschen Bischöfe vergaßen in ihrem ersten Hirtenbrief nach dem Krieg vom 23. August 1945 nicht die Priester- und Laienhäftlinge: »Wir danken all den Priestern und all den Laien, die so zahlreich und so unerschrocken für Gottes Gesetz und Christi Lehre eingetreten sind. Viele sind im Kerker und durch Mißhandlungen wahre Bekenner geworden und viele haben für ihre Überzeugung das Leben geopfert.«

Damit hatten die zwei wichtigsten Kirchenautoritäten den inhaftierten Glaubenszeugen die verdiente Anerkennung und den schuldigen Dank ausgesprochen. Diese Worte können freilich nicht darüber hinwegtäuschen, daß gerade diese Personen von seiten der kirchlichen Obrigkeit kaum Hilfe erwarten durften; im Gegenteil, sie warteten meist vergebens auf Unterstützung, wenn sie als »Volksfeinde« vor Gericht standen und im Gefängnis oder KZ litten.

Der Freiburger Erzbischof blieb, auch nachdem er seine anfängliche Konkordanzpolitik gegenüber der Hitlerherrschaft abgelegt hatte, streng darauf bedacht, seinen Klerus zu kluger Zurückhaltung zu ermahnen und seine eigene Loyalität zum NS-Staat herauszustellen. Dies zeigte sich besonders deutlich, als ein »unvorsichtiger« Priester seines Erzbistums, Dr. Max Josef Metzger, Promotor des Friedensbundes Deutscher Katholiken und Förderer der Wiedervereinigung der christlichen Kirchen, am 14. Oktober 1943 vom Berliner Volksgerichtshof wegen Vorbereitung zum Hochverrat zum Tod verurteilt worden war. Zwar suchte der Erzbischof den Todeskandidaten zu retten, ließ aber in seinem »Gnadengesuch« an Roland Freisler, den berüchtigten Präsidenten des Volksgerichts, keinen Zweifel daran, daß er die Tat selbst als ein politisches Verbrechen verurteilte: »Ich bedaure aufs allertiefste das Verbrechen, dessen er sich schuldig gemacht hat.« Mit einem solchen Eingeständnis konnte er Metzger gewiß nicht retten, im Gegenteil, damit bestätigte er dem höchsten Nazigericht nur noch die Berechtigung des gefällten Todesurteils. Wenn Gröber Metzgers Plan für ein neues Deutschland nach dem Untergang des Naziregimes als einen wohlgemeinten Dienst am deutschen Volk interpretiert hätte, wäre eher Hoffnung auf Begnadigung möglich gewesen. Mit einem solchen Bekenntnis zu Metzgers Redlichkeit hätte sich der Oberhirte freilich gleichzeitig selbst dem Verdacht eines Vaterlandsverräters ausgesetzt. Genau dies aber war von ihm angesichts seiner Staatsauffassung nicht zu erwarten. Der Erzbischof machte vielmehr den unverantwortlichen Vorschlag, der Angeklagte Metzger könnte sein Verbrechen mit dem Heldentod an der Front büßen.

Metzger blieb seinem Gewissen treu bis in den Tod. Am 6. Februar 1944, knapp zwei Wochen vor seiner Hinrichtung mit dem Fallbeil, schrieb er mit gefesselten Händen in der Gefängniszelle: »Ich muß gestehn, ich hab' sie nie gelernt, die Kunst, das Krumme – krumm zu lassen! Ich konnt' im ganzen Leben nicht erfassen, daß man bei Notstand höflich sich entfernt ... Ich fürchte fast, es scheitert am Gewissen – ihm hab' ich allzeit Treue halten müssen: wer sich dafür nicht wagt, der ist kein Mann: Geht euren Weg – ich seh' euch ohne Neid – ihr klugen Selbstversorger all, ihr Weisen! Ich geh' den meinen – mögt ihr Narr mich heißen: Mich tröstet meiner Seele Seligkeit.« Ob Metzger auch seinen Heimatbischof zu diesen klugen Selbstversorgern zählte?

Priester als KZ-Häftlinge

Erzbischof Gröber tat sich noch nach dem Krieg schwer mit den ehemaligen KZ-Häftlingen unter seinem Klerus. Als sich elf von ihnen im November 1946 in Offenburg zu einer Tagung mit öffentlichen Gottesdiensten und Großveranstaltungen trafen, sollte nach dem Willen des Ordinariats jede Publizität vermieden werden. Die Elf jedoch dachten und handelten anders. In einer Dankadresse an ihren Erzbischof verzichteten sie nicht auf massive Klagen: »Wir bedauern es aber auch, wenn solche, die um des Glaubens willen gelitten haben, durch zeitweilige Pensionierung, Anbieten von schwerbeschädigten Pfarreien und erzwungenes Einweisen in solche ohne Rücksichtnahme auf familiäre und gesundheitliche Verhältnisse und den Wunsch der Bevölkerung durch Vorhaltung mangelnder Klugheit unverdienten Tadel und ungerechte Zurücksetzung durch das erzbischöfliche Ordinariat erhalten haben.« Auch schonten sie manchen ihrer Mitbrüder nicht: »Wir bedauern es, wenn wir immer noch vom Klerus hören müssen, wir hätten es unserer eigenen Unklugheit zuzuschreiben, daß wir die Opfer der Gestapo geworden seien. Wir glauben, daß die Mehrzahl von uns nur ihre Pflicht getan hat gemäß der Pastoralregel des hl. Paulus, opportune, importune Christi Lehre zu verkünden.« Schließlich folgte als härtester Vorwurf: »Wir können uns des Eindrucks nicht erwehren, als ob ein Priester der Kirchenbehörde umso lieber war, je weniger er mit der Geheimen Staatspolizei in Konflikt kam.«

Weil das Bischöfliche Ordinariat die Beschuldigungen als unberechtigt zurückwies, antwortete Pfarrer Wilhelm Köhler im Namen der KZ-Häftlinge mit letzter Schärfe, das Schweigen der kirchlichen Obrigkeit habe die Machthaber des Regimes in ihrem Größenwahn und in ihrer Bereitschaft zu Verbrechen erst noch ermutigt. Viele Geistliche seien der Überzeugung, das Ordinariat sei seiner Pflicht zum Widerstand nicht nachgekommen, ja, habe durch unverantwortliches Schweigen und doppeldeutiges Reden das Kirchenvolk in die Irre geführt.

Diese geistlichen Neinsager und Widerstandskämpfer sind heute noch nicht anerkannt; vermutlich deshalb nicht, weil sie als lebendige Zeugnisse all jene Kleriker, an der Spitze die Bi-

123

schöfe, die das Schweigen dem Protestieren vorzogen, zutiefst beschämen. Zum Schweigen brauchte man nur »Klugheit«, Protest dagegen erforderte Charakterstärke.

Immer noch nicht rehabilitiert

Pfarrer Eugen Weiler, fast drei Jahre Häftling im KZ Dachau, ließ kürzlich seinem umfangreichen Buch »Die Geistlichen in Dachau« einen 2. Band folgen. Diesem Buch mit interessanten Erlebnisberichten liegt ein vierseitiger »Nachtrag« bei, in dem zunächst über den katholischen Widerstand gegen das NS-Regime in Bayern berichtet wird und dann unter der Überschrift »Audiatur et altera pars« die Meinung heute noch lebender Priesterhäftlinge des KZ Dachau zum Ausdruck kommt. Weiler konstatiert: »Die erkennbare mangelnde Einheit der Ordinariate konnte die Gestapo doch nur ermutigen zu weiterer Vorgehen gegen Geistliche.« Den häufig vorgebrachten Hinweis auf die Konkordatsvereinbarung, daß der Klerus der Reichsregierung in Loyalität gegenüberstehen müsse, läßt der Verfasser nicht als Entschuldigungsgrund gelten, weil gerade von Regierungsseite das Konkordat in zahlreichen Fällen gröblich verletzt worden sei. Nach seiner Ansicht hätte die kirchliche Obrigkeit doch auf den Gedanken kommen müssen, »daß die Geistlichen von der Anklagebank herunter und die Gestapobeamten auf diese Bänke gehören«. Der 84jährige Pfarrer Weiler erwartet, was eigentlich schon sofort nach 1945 hätte geschehen sollen, daß den während des Dritten Reiches aus politischen Gründen verhafteten Priestern endlich zu ihrem Recht verholfen wird, indem die jetzt noch lebenden Häftlinge wenigstens die Anklageschrift zur Stellungnahme ausgehändigt erhalten. »So ruhen die unwahren und den wirklichen Tatbeständen hohnsprechenden Beschuldigungen noch heute unwidersprochen in den Archiven der Ordinariate.« Und mit ihnen, so ist ergänzend hinzuzufügen, die positiven oder negativen Reaktionen dieser Ordinariate. Weiler denkt dabei nicht nur an die Priester im KZ Dachau, sondern an alle von Nazibehörden gemaßregelten Geistlichen. »Sollte nicht auch ihnen als menschliche Rechtsperson das selbstverständliche Recht des ›Audiatur et altera pars‹ eingeräumt werden?« Darauf folgt dann die schwerwiegende Kritik: »Statt dessen sind leider unbegreifliche Verhaltensweisen vorgekommen von übergeordneten Stellen, um nicht noch deutlicher zu werden, wie: Begrüßung als verirrtes Schaf nach der Heimkehr! Anweisung an einen abgelegenen Posten! Welcher Gemeinde können wir zumuten, einen KZ-Priester als Seelsorger anzubieten?« Diese bei aller Zurückhaltung noch hart genug klingenden Worte an die betroffenen bischöflichen Ordinariate mußten allerdings mit dicken Strichen getilgt werden, weil das Buch sonst nicht hätte erscheinen dürfen. So wird die Wahrheit ein zweites Mal ans Kreuz geschlagen – diesmal von der kirchlichen Obrigkeit selbst!

Am meisten bedauert man heute das ängstliche Schweigen der Kirchenautorität angesichts tausendfacher Verhaftung von sogenannten Staatsfeinden und millionenfacher Deportierung von Juden in die Vernichtungslager Auschwitz und Treblinka. Die Bischöfe protestierten zwar in zahlreichen Eingaben an Regierungs- und Parteistellen gegen vielfältige Rechtsverletzungen und Gewalttaten, unterließen es aber in der Regel, das Kirchenvolk und damit eine breite Öffentlichkeit mit Hirtenbriefen und Predigten auf das steigende Maß des Terrors und Unrechts hinzuweisen und den davon am meisten Betroffenen nicht nur moralische, sondern auch tatkräftige Unterstützung zu gewähren. Allein die Mobilisierung der Massen hätte die Machthaber des Staates und der Partei bewegen können, wenigstens ein Mindestmaß von Rechtsstaatlichkeit zu wahren. So aber leisteten kirchliche Autoritäten der grenzenlosen Diktatur eher noch Vorschub. Und dabei wäre es notwendig gewesen, »nicht nur die Opfer unter dem Rad zu verbinden, sondern dem Rad selbst in die Speichen zu fallen« (D. Bonhoeffer).

Es liegt Schuld vor

Konrad Adenauer, ein aufrechter Demokrat in der Weimarer Republik, beim Machtantritt der Nationalsozialisten als Oberbürgermeister von Köln abgesetzt, fällte in einem Brief vom 23. Februar 1946 an den Bonner Pastor Dr. Bernhard Custodis ein ebenso klares wie hartes Urteil über das Verhalten der Kirche im Dritten Reich: »Nach meiner Meinung trägt das deutsche

Volk und tragen auch die Bischöfe und der Klerus eine große Schuld an den Vorgängen in den Konzentrationslagern. Richtig ist, daß nachher vielleicht nicht viel mehr zu machen war. Die Schuld liegt früher. Das deutsche Volk, auch Bischöfe und Klerus zum großen Teil, sind auf die nationalsozialistische Agitation eingegangen. Es hat sich fast widerstandslos, ja zum Teil mit Begeisterung ... gleichschalten lassen. Darin liegt seine Schuld. Im übrigen hat man aber auch gewußt – wenn man auch die Vorgänge in den Lagern nicht in ihrem ganzen Ausmaße gekannt hat –, daß die persönliche Freiheit, alle Rechtsgrundsätze, mit Füßen getreten wurden, daß in den Konzentrationslagern große Grausamkeiten verübt wurden, daß die Gestapo, unsere SS und zum Teil auch unsere Truppen in Polen und Rußland mit beispiellosen Grausamkeiten gegen die Zivilbevölkerung vorgingen. Die Judenpogrome 1933 und 1938 geschahen in aller Öffentlichkeit. Die Geiselmorde in Frankreich wurden von uns offiziell bekannt gegeben. Man kann also wirklich nicht behaupten, daß die Öffentlichkeit nicht gewußt habe, daß die nationalsozialistische Regierung und die Heeresleitung ständig aus Grundsatz gegen das Naturrecht, gegen die Haager Konvention und gegen die einfachsten Gebote der Menschlichkeit verstießen. Ich glaube, daß, wenn die Bischöfe alle miteinander an einem bestimmten Tag öffentlich von den Kanzeln aus dagegen Stellung genommen hätten, sie vieles hätten verhüten können. Das ist nicht geschehen und dafür gibt es keine Entschuldigung. Wenn die Bischöfe dadurch ins Gefängnis oder in Konzentrationslager gekommen wären, so wäre das kein Schade, im Gegenteil. Alles das ist nicht geschehen und darum schweigt man am besten.«

Wenn man wenigstens auch beim katholischen Sonntagsgottesdienst, wie in der Bekennenden Kirche, die Namen der abgesetzten, vertriebenen, verhafteten, mit Predigt- und Religionsunterrichtsverbot belegten Priester stellvertretend für Hunderttausende in ähnlichen Situationen verlesen hätte! Die Liturgie darf auch eine Stätte des lauten Protestes gegen Terror und Lüge sein. Auf diese Weise können ahnungslose Gläubige in eine heilsame Unruhe versetzt und zu Rettungsversuchen für jene, »die in Finsternis und Todesschatten sitzen«, angetrieben werden.

Das alles ist nicht geschehen, schrieb Adenauer, und deshalb sollte man am besten schweigen. Doch man darf nicht schweigen, weil das unheilvolle Schweigen der kirchlichen Hierarchie in jener schrecklichen Zeit heute noch als »Widerstand« ausgegeben wird und damit die tatsächlichen Verhältnisse verfälscht werden.

Kardinal Faulhaber ein Widerstandskämpfer?

Beim Neujahrsempfang des Diözesanrates der Erzdiözese München-Freising am 16. Januar 1983 mußte Erzbischof Friedrich Wetter, allein schon vom Datum her gesehen, auch auf »jenen unglückseligen Tag vor 50 Jahren, an dem nicht ein Führer, sondern ein Verführer und Irreführer die Macht ergriff«, zu sprechen kommen. Dabei erwähnte er mit einem einzigen Satz das KZ Dachau: »Vor den Toren unserer Stadt entstand das erste Konzentrationslager, in dem viele Menschen ihrer Freiheit beraubt, mundtot gemacht, unmenschlich behandelt, gequält und umgebracht wurden, unter ihnen viele Priester und Ordensleute, nicht nur Deutsche, sondern auch Ausländer, besonders viele Polen.« Unmittelbar danach konstatierte der Münchener Oberhirte: »In unserer Stadt erhob sich mutiger Widerstand gegen die damaligen Machthaber. Ich nenne hier nur Dr. Gerlich, die Geschwister Scholl, Pater Rupert Mayer und Kardinal Faulhaber.«

Von Fritz Gerlich, Hauptschriftleiter der »Münchner Neuesten Nachrichten«, ist bekannt, daß er am 30. Juni 1934 von Nazischergen ermordet wurde. Dasselbe Schicksal erlitten zehn Jahre später die Geschwister Hans und Sophie Scholl, Studenten der Universität München, und der Philosophieprofessor Kurt Huber, weil sie in Flugblättern die Verbrechen des Nazismus rücksichtslos anprangerten. Der Jesuit Rupert Mayer mußte für seine Predigtattacken gegen das glaubens- und kirchenfeindliche Hitlerregime Jahre im Gefängnis und KZ zubringen, bis er im Kloster Ettal interniert wurde. Unverständlich aber bleibt es, wie Erzbischof Wetter seinen Amtsvorgänger Faulhaber in einem Atemzug mit diesen Bekennern und Martyrern ebenfalls als Widerstandskämpfer hinstellen konnte. Gewiß, Kardinal Faulhaber hat mitunter sehr deutliche Worte gegen den

127

Nationalsozialismus, soweit dieser in die kirchliche Interessensphäre eingriff, geschrieben und gesprochen und darüber hinaus eine Vielzahl von Eingaben an Behörden des Staates und der Partei gerichtet, er hat aber stets den Führer Adolf Hitler, für den er ein dauerndes Faible empfand, von der negativen Kritik ausgenommen. Oft machte er jedoch Äußerungen, die viele Katholiken nur mit Verwunderung zur Kenntnis nehmen, nazistische Gemüter aber mit Wohlgefallen erfüllen konnten. Im Protokoll über die Besprechung des Staatsministers Adolf Wagner mit Erzbischof Faulhaber am 7. März 1934 ist vermerkt, »daß Kardinal Faulhaber sowohl bei der Begrüßung als auch bei der Verabschiedung mit tadellosem, vorschriftsmäßigem Hitler-Gruß grüßte«. Zum Dank für Hitlers Errettung beim Attentat am 9. November 1939 ließ Faulhaber in der Münchener Frauenkirche den Hymnus »Großer Gott, wir loben dich« singen. Und als er Jahre später nach dem ebenfalls mißglückten Anschlag auf Hitler am 20. Juli 1944 von der Gestapo verhört wurde, weil man auch ihn als Mitwisser verdächtigte, gab der Erzbischof zu Protokoll: »Ich bin erschüttert, weil ich als Bischof das Verbrechen eines Mordplanes und vollends eines Planes gegen das Staatsoberhaupt vor aller Welt verdammen und brandmarken muß.« Auch wenn man diese Worte bei Faulhabers bekannter Staatsloyalität noch hinnehmen kann, so bleibt doch der Zusatz ein Skandal. Kardinal Faulhaber nannte nämlich den Putschversuch »einen solchen Wahnsinn, der unser Volk in das furchtbarste Chaos gestürzt und den Bolschewismus in der radikalsten Form zum Siege geführt hätte«, und vergaß nicht zu erwähnen, daß er sich »persönlich die Verehrung zum Führer seit der langen Aussprache vom 4. November 1936« bewahrt habe.

Im Gegensatz zu Gerlich, Scholl, Mayer und Huber, die ihre Opposition gegen Hitlers Unrechtsstaat mit Hinrichtung oder zumindest Gefängnis büßen mußten, verbrachte der Kirchenfürst Faulhaber auch nicht eine Stunde in einem Nazikerker. Davor wäre wohl auch ein deutscher Bischof, hätte er massiven Widerstand geleistet, nicht verschont geblieben.

Viele unbekannte Helden?

Bei allem Klagen über so viel Versagen in den oberen Reihen der Hierarchie wollen wir nicht die vielfältige Hilfe vergessen, die ungezählte Männer und Frauen, Ordensmänner und Ordensfrauen oft unter größter Gefahr für ihr eigenes Leben oder für ihre Familie und das ganze Kloster geleistet haben, indem sie sich dem Ungeist des Hitlerismus weder innerlich noch äußerlich beugten, zum Unrechttun ihre Hand nicht liehen und ungerecht Verfolgten Unterschlupf oder Rechtsbeistand gewährten. Nur ein Beispiel soll für viele andere stehen. Post- und Verkehrsminister Paul von Eltz-Rübenach, praktizierender Katholik, nicht Mitglied der NSDAP, lehnte die Annahme des Goldenen Parteizeichens ab und schied 1937 aus dem Kabinett aus, weil er die kirchenfeindliche Schulgesetzgebung nicht akzeptieren wollte.

Widersetzliche Schritte einzelner Katholiken, fast immer ohne Rückendeckung der kirchlichen Autorität unternommen, dürfen jedoch nicht ohne weiteres auf das Pluskonto der offiziellen Kirche gebucht werden.

Es hilft auch nicht viel, wenn man, wie der selbst nicht unverdächtige Domkapitular Emil Janik in seinem Buch »Klerus und Klöster des Bistums Passau im Dritten Reich« (1980), aufgrund der nach dem Krieg verschickten Fragebogen konstatiert, von ungefähr 600 Welt- und Ordenspriestern seien 267 Priester in Verfahren verwickelt gewesen, und daraus den Schluß zieht: »Damit ist die in der Öffentlichkeit vielfach kolportierte Meinung widerlegt, als habe der katholische Klerus im Dritten Reich versagt.« Schaut man nämlich etwas genauer nach, dann ist unschwer zu erkennen, daß es sich hinsichtlich der 267 »verfolgten Priester« um sehr unterschiedliche Maßnahmen handelte: Anzeigen, Hausdurchsuchungen, Geldstrafen, Religionsunterrichtsverbote, Orts- oder Gauverbote, Verhöre und Verhandlungen. Haftstrafen wurden gegen 45 Priester, meist sudetendeutsche Geistliche, verhängt. 11 Priester kamen in das KZ Dachau, wo einer von ihnen starb; acht weitere Priester starben eines gewaltsamen Todes, der Pallottiner Franz Reinisch wurde wegen Verweigerung des Fahneneids erschossen. Man wird nur von dieser letzten Gruppe als von echten Widerstandskämpfern reden dürfen, obwohl vielleicht gerade sie selbst diesen Titel für ihre Pflichterfüllung abgelehnt hätten.

A propos Auszeichnungen! Kirche und Staat in der Bundesrepublik Deutschland sparen nicht mit Ordensverleihungen »für besondere Verdienste«, wie es heißt. Auffälligerweise kennen aber beide Institutionen bis heute keine Auszeichnung für hervorragenden Widerstand gegen den Nationalsozialismus oder den NS-Staat. Vermutlich deshalb nicht, weil sie bei einer so motivierten Prämierung um ihre eigene Autorität fürchten müssen. Wäre es nicht eine indirekte Ermunterung zum »zivilen Widerstand« gegen die Kirchenautorität oder die Staatsgewalt? Wer weiß, vielleicht steckt aber noch mehr dahinter, nämlich die Meinung, daß ein Mann oder eine Frau, die wegen ihrer offenen Opposition gegen das NS-Regime jahrelange Haft im Gefängnis oder Konzentrationslager erleiden mußten, einer besonderen Auszeichnung gar nicht wert sind.

Pfarrer Burkhart verschwieg bei einem Gespräch nicht, daß er weder während der KZ-Haft noch in den Jahren danach von seiner bischöflichen Behörde in Augsburg irgendein Zeichen des Verständnisses oder gar der Anerkennung erfahren habe. So ist es bis heute geblieben. Von ihm wollte ich wissen, ob man wenigstens jene rund 400 Priester, die im Konzentrationslager Dachau inhaftiert waren, als Widerstandskämpfer im echten Sinn ansehen könne und müsse. Nach einigem Überlegen gab er die vorsichtig differenzierende Antwort: »Man müßte in die Herzen hineinschauen können, um festzustellen, wer von den KZ-Priestern ein Widerstandskämpfer war oder wer nur Pech hatte, weil er einen Witz machte oder eine persönliche Auseinandersetzung mit dem Ortsgruppenleiter hatte. Ich würde viele nicht als Widerstandskämpfer einstufen.« Etwas erstaunt über diese Auskunft, fragte ich etwas gezielter nach, ob er sich selbst als Widerstandskämpfer fühle, und erhielt zur Antwort: »Ich beginne langsam, mich als Widerstandskämpfer zu fühlen. Es ergeht mir dabei wie im Märchen: Der Besen, der bisher in der Ecke stand, wird gerufen, und nun heißt es: Kehre, Besen, kehre!«

Gewiß ist nicht jeder Mensch zum Helden geboren, wie auch nicht jeder Christ zum Martyrer. Aber wer sagt denn, daß man,

130

um den Nationalsozialisten wirksamen Widerpart zu bieten, unbedingt ein Heros sein mußte. Hätte am Anfang nicht schon eine gehörige Portion Zivilcourage genügt, um die nazistischen Machenschaften im Keim zu ersticken? Freilich wäre dazu eine Antihaltung auf breitester Basis erforderlich gewesen. Vereinzelte Widerstandskämpfer fielen schnell dem Terror und der Gewalt zum Opfer.

Der bereits erwähnte Dominikaner Stratmann, ein bedingungsloser Pazifist wie sein Mitstreiter Max Josef Metzger, beantwortete die Frage nach der Heldenrolle in seinen »Tagebuchblättern« eindeutig: »Daß das deutsche Volk, um das nationalsozialistische Unheil zu verhindern, aus lauter ›Helden‹ hätte bestehen müssen, kann ich nicht gelten lassen. Es hätte nur aus simplen, aber politisch vernünftig denkenden und entschlossen handelnden, beziehungsweise einfach an ihrem Ort stehenbleibenden Staatsbürgern bestehen müssen. Der ›Widerstand‹ wäre dann von selbst dagewesen: in jedem Beamten, der sich verfassungswidrige und wahnsinnige Anordnungen auszuführen geweigert hätte, in jedem Professor und Lehrer, der nach wie vor bei der zuvor von ihm erkannten wissenschaftlichen Wahrheit geblieben wäre, in jedem Pfarrer, der fortgefahren hätte, das unverkrümmte Evangelium zu verkündigen, in jedem Offizier, der an dem, was er früher für seine Ehre hielt, festgehalten hätte, und in jedem schlichten Mann, der nach wie vor zu seinem eigenen und zum gemeinsam verbrieften Recht gestanden hätte. Heldentum? Nein, zivile Gesundheit! Mündigkeit statt des trostlosen Sichführenlassen! ... Als ob man durchaus ein Held sein müßte, um kein Waschlappen zu sein! ... Fragte man mich: wer hat mehr Verantwortung dafür, daß die Dinge in Deutschland so gelaufen sind, das halbe Prozent Gangster oder die 99 Prozent der Ordentlichen, so würde ich ohne weiteres sagen: diese, die Ordentlichen ... Ich denke zum Beispiel an die deutschen (in der Hauptsache deutschnationalen, aber auch liberalen und demokratischen) Professoren und Privatdozenten aller Fakultäten, deren Umfall und Gleichschaltung ich 1933 noch aus größter Nähe miterlebt habe.«

Um so dankbarer sind wir heute für die kleine Schar jener aufrechten Männer und Frauen, die nicht umfielen und sich um keinen Preis gleichschalten ließen.

Der Ende Juli 1944 im Zusammenhang mit dem Attentat auf Hitler am 20. Juli 1944 verhaftete und am 2. Februar 1945 als Hochverräter hingerichtete Jesuit Alfred Delp dachte im Gefängnis über die tieferen Ursachen der von Hitler und seinen engsten Gesinnungsgenossen entfachten nihilistischen Revolution nach. In der Nacht zum Jahr 1945 vertraute er seinem Tagebuch diese Zeilen an: »Wir haben die kirchenpolitische Apparatur überschätzt und sie noch laufen lassen zu einer Zeit, wo ihr schon der geistige Treibstoff fehlte. Für einen heilsamen Einfluß der Kirche bedeutet es gar nichts, ob ein Staat mit dem Vatikan diplomatische Beziehungen unterhält. Es kommt einzig und allein darauf an, welche innere Mächtigkeit die Kirche als Religion in dem betreffenden Raum besitzt. Und hier geschah die große Täuschung. Die Religion starb an vielen Krankheiten und mit ihr der Mensch.«

Sein Ordensbruder Max Pribilla, ein aufmerksamer Beobachter des Geschehens in den Jahren 1933–1945 und ein offener Kritiker des kirchlichen Verhaltens nach 1945, zog als Redakteur der Jesuiten-Zeitschrift »Stimmen der Zeit« in mehreren Artikeln, die später in dem Buch »Deutschland nach dem Zusammenbruch« zusammengefaßt wurden, diese zu großer Nachdenklichkeit stimmende Bilanz: »Aufs große Ganze gesehen läßt sich sagen, daß die alte Mahnung des ›Principiis obsta‹ nicht genügend beachtet wurde. Die anfängliche wohlwollend entgegenkommende oder zuwartende Haltung hat dann für die Folgezeit den großen Nachteil gehabt, den immer notwendiger werdenden Widerstand zu erschweren. Der Nationalsozialismus war eben in seiner Verlogenheit und Gewalttätigkeit eine geradezu dämonische Macht, und da die Regierung des Landes unter seinem beherrschenden Einfluß stand, sahen sich die christlichen Kirchen einer Situation gegenüber, die in der deutschen Geschichte ohne Beispiel war. Wenn sie diese unerhörte Situation nicht völlig zu meistern wußten, so liegt darin eine Tragik, die sie wegen ihres Mangels an Voraussicht, Einheit und Entschlossenheit im Bewußtsein einer gewissen Mitschuld unter das Gericht Gottes sich beugen läßt. Das ist auch der Grund, warum die christlichen Kirchen den Kampfplatz des Dritten Reiches nicht mit einem ungetrübten inneren Hochgefühl verlassen konnten.« Dem eigentlichen Grund für dieses Versagen nachspürend, kam Pribilla zu der Meinung: »Wäre das Christentum in Deutschland und im ganzen Abendland lebendiger gewesen, dann hätte es ein Drittes Reich mit all seinen Verfallserscheinungen nicht gegeben.«

Diese kurz vor oder unmittelbar nach dem Ende des Dritten Reiches niedergeschriebenen Urteile haben vier Jahrzehnte später nichts von ihrer Richtigkeit verloren. Im Gegenteil, aufgrund des inzwischen bekannt gewordenen Quellenmaterials wurde die schwächliche Position der ganzen Kirche, allen voran der Hierarchie – Ausnahmen bestätigen auch hier die Regel –, nur noch deutlicher und schmerzlicher. Doch anstelle eines längst fälligen Schuldbekenntnisses betreibt die offizielle Kirche bis heute hartnäckig eine Schuldablehnung.

IV. Aus dem Gestern lernen für das Heute

Was 1933–1945 in Deutschland und in den von deutschen Truppen besetzten Ländern Europas »im Namen des deutschen Volkes« an Unrecht und Gewalt geschehen ist, kann in jedem Land geschehen und kann – zu unser aller Warnung sei es gesagt – in Deutschland wieder geschehen, wenn seine Bürger, die sich in der überwiegenden Mehrzahl noch Christen nennen, abermals apathisch oder widerstandslos verharren, sobald die Rechte vieler oder auch nur einzelner Menschen grob verletzt werden. Diese Gefahr besteht eigentlich immer, auch in sogenannten ruhigen und gesicherten Zeiten eines demokratischen Staatswesens. Dies brachte Golo Mann am 4. August 1966 beim 5. Jüdischen Weltkongreß in Brüssel folgendermaßen zum Ausdruck: »Wer die dreißiger und vierziger Jahre als Deutscher durchlebt hat, der kann seiner Nation nie mehr völlig trauen, der kann der Demokratie so wenig völlig trauen wie einer anderen Staatsform, der kann dem Menschen überhaupt nicht mehr völlig trauen und am wenigsten dem, was Optimisten früher den ›Sinn der Geschichte‹ nannten. Der wird, wie sehr er sich auch Mühe geben mag und soll, in tiefster Seele traurig bleiben, bis er stirbt.«

Ausgestoßene der Gesellschaft

Zu allererst in Gefahr schweben stets die Minderheiten und Außenseiter einer Gesellschaft. Bei uns sind es heute nicht mehr in erster Linie die jüdischen Mitbürger, obwohl der Antisemitismus in unserem Land alles andere als tot ist, sondern vor allen anderen die Gastarbeiter aus verschiedenen Ländern. Ihre Arbeitskraft war der deutschen Wirtschaft willkommen, solange unsere eigenen Arbeitskräfte nicht ausreichten. Jetzt aber, da die Zahl der arbeitslosen Deutschen die 2-Millionen-Grenze über schritten hat, möchte man die inzwischen in allen Lebensbereichen integrierten ausländischen Arbeitnehmer schnell in die Heimat zurückschicken.

Das Schicksal des ungeliebten und verhaßten Außenseiters erleiden heute Zigeuner und andere weniger seßhafte Menschen. Ihre Andersartigkeit im Lebensstil ist oft der einzige Makel, dessentwegen sie aus der Gesellschaft hinausgedrängt werden, nur damit die »echte« deutsche Denk- und Lebensart ungehindert dominieren kann.

Kampf gegen das Unrecht

Wenn wir unseren Blick über die engen Grenzen der Bundesrepublik Deutschland hinaus erheben, ist schnell zu erkennen, daß die Stunde zum Protest und zum Widerstand für uns schon längst geschlagen hat. Auch wenn die Konzentrationslager zur Zeit der Hitlerdiktatur mit Millionen Toten und Abermillionen Geschädigten nicht vergessen werden dürfen, können sie uns doch nicht als gültiges Alibi, als ausreichende Entschuldigung für heute fehlende Aktivitäten dienen. Es wäre pure Heuchelei, wollten wir mit dem Finger nur auf jene zeigen, die im Dritten Reich nicht laut genug gegen Bosheit und Verbrechen aufbegehrt haben, und gleichzeitig schweigen zu den Massenmorden unserer Tage. Dabei ist es völlig gleichgültig, ob diese Sünden gegen die Menschlichkeit »im Namen Gottes« oder »im Namen Allahs des Allerbarmers« oder im Namen eines staatlichen Regimes verübt werden, gleichgültig, ob sie in Südafrika oder in Polen, in El Salvador oder in Sowjetrußland geschehen, gleichgültig auch, ob es sich um linke oder rechte Tyrannei handelt. Der Papst in Rom als »der erste« aller katholischen Christen ist hier auch zuerst zu öffentlichem, rücksichtslosem Protest aufgerufen, nicht weniger die Bischöfe als die Oberhirten der Katholischen Kirche, aber auch jeder Katholik, soweit es in seinen Kräften steht. Für alle gilt: »Wer schweigt, stimmt zu.«

Über verbale Proteste hinaus können gemeinsame Aktionen gefordert sein, um Unmenschlichkeiten jeder Art entweder ganz zu verhindern oder wenigstens soweit wie möglich gering zu halten.

Doch was reden wir von Verbrechen kleineren oder größeren Ausmaßes, wenn heute die ganze Erde und mit ihr die gesamte Menschheit in ihrer Existenz bedroht sind. Nur wer blind ist oder nicht sehen will, was um uns herum geschieht, sieht nicht, daß die atomare, biologische und chemische Vernichtung des Makro- wie des Mikrokosmos unser täglicher Begleiter ist. Wer will da noch von einem gerechten Krieg reden?

In der Frage nach Krieg oder Frieden haben die Vertreter der Kirche schon nach 1945 den Grundsatz »principiis obsta« außer Acht gelassen. Als Konrad Adenauer, der erste Kanzler der Bundesrepublik Deutschland, Anfang der fünfziger Jahre den Wiederaufbau einer deutschen Wehrmacht anstrebte, ließen die Bischöfe jeden Widerspruch vermissen, im Gegenteil, sie alle, denen doch die Schrecken und Opfer der Hitlerschen Wahnsinnskriege noch deutlich in Erinnerung sein mußten, stimmten für eine deutsche Wehrmacht und damit auch für Aufrüstung – wieder aus der altbekannten Angst vor dem Bolschewismus, wie schon im Dritten Reich. Wie selbstverständlich sprach man plötzlich vom Gleichgewicht des Schreckens, das jeden neuen Weltkrieg am sichersten verhindern könnte, und befürwortete mit diesem Zauberwort Wiederbewaffnung und Aufrüstung. Und die Bischöfe stimmten mit ein. »Adenauer münzte ihren ideologischen Antikommunismus in einen politischen Einsatz für das westliche Bündnissystem und die europäische Integration um« (Spotts). So erwiesen sich die Bischöfe als brauchbare Wasserträger für Adenauers »christliche« Friedenspolitik, gestützt von der »Christlich-Demokratischen Union« und der »Christlich-Sozialen Union« als den zwei christlichen politischen Parteien. Namentlich der Kölner Erzbischof Kardinal Joseph Frings leistete dem katholischen Bundeskanzler Adenauer hervorragende Schützen- bzw. Militärhilfe, indem er betonte, es könnte unter Umständen Christenpflicht werden, Unrecht und Unordnung mit Waffengewalt zu beseitigen.

Andersdenkende Katholiken, z. B. Walter Dirks und Klara Faßbinder, als Pazifisten beschimpft, konnten sich demgegenüber nicht durchsetzen. Der katholische Dichter Reinhold

Schneider († 1958) führte als radikaler Friedensprediger einen schier hoffnungslosen Kampf. Diffamierung und Ächtung waren sein hartes Los. Für ihn stand in der Frage von Krieg und Frieden das Wesen des Christentums auf dem Spiel; denn Krieg und Evangelium erschienen ihm als völlig unvereinbare Gegensätze. Den modernen totalen Krieg bezeichnete er als »ein Verbrechen entsetzlichster Art«, die allgemeine Wehrpflicht als »ein unmenschliches und widerchristliches Gesetz«. Schneiders Friedensappelle hätten eigentlich aus dem Mund des Papstes als des obersten Dieners des »Friedensfürsten« Jesus Christus kommen müssen. Weil dies aber nicht geschah, geriet der sonst hochgeschätzte Dichter in einen tiefgehenden Konflikt mit dem Papst selbst. Voller Verzweiflung klagte Schneider: »Wo die Christen abweichen von der Nachfolge Christi, dort ist die Stelle, wo die Feinde des Christentums sich bewaffnen können.«

Theodor Heuß, der erste Präsident der Bundesrepublik Deutschland, ein echter Demokrat und Liberaler zugleich, ehrte den verachteten Reinhold Schneider 1952 mit dem Bundesverdienstkreuz. 1956 erhielt Schneider den Friedenspreis des Deutschen Buchhandels. Bei der Feier in der Frankfurter Paulskirche blieb der Platz für den Vertreter der Katholischen Kirche leer.

Weil Reinhold Schneider das Versagen der Kirche nur allzu schmerzlich fühlte, hielt er, noch bevor der Tod den erst Vierundfünfzigjährigen holte, Ausschau nach einer Religiösen Internationalen: »Es müßte ein Bündnis vorbereitet werden, unter allen, die überhaupt noch glauben an eine übernatürliche Realität.« Seine große Sehnsucht ging nach einer Weltfriedensbewegung, um eine »wirklich geschichtsmächtige Friedensmacht« zu schaffen.

In einem Brief an die Dichterin Gertrud von Le Fort faßte Reinhold Schneider die Quintessenz des Evangeliums in die Worte: »Während des letzten Krieges bin ich zu der Überzeugung gekommen, daß der Christ keine andere Macht hat als die der Gewaltlosigkeit. Ich habe diese Überzeugung damals ausgesprochen und bin ihr treu geblieben.«

Pius XII., mit der Problematik des Nuklearkrieges bestens bekannt, hielt trotzdem an der neuscholastischen Lehre vom gerechten Krieg fest, wenn er in seiner Ansprache vom 30. September 1954 betonte: »Man kann die Frage nach der Erlaubtheit des Atomkrieges, des chemischen und bakteriologischen Krieges grundsätzlich nur für den Fall stellen, daß er als unvermeidlich zur Selbstverteidigung unter den angegebenen Bedingungen beurteilt wird.«

Sein unmittelbarer Nachfolger Johannes XXIII. hingegen hielt es für unvernünftig, »den Krieg als geeignetes Mittel zur Wiederherstellung verletzter Rechte zu betrachten«.

In dieselbe Richtung wies das 2. Vatikanische Konzil in der Konstitution »Die Kirche in der Welt von heute« (1965): »Jede Kriegshandlung, die auf die Vernichtung ganzer Städte oder weiter Gebiete und ihrer Bevölkerung unterschiedslos abstellt, ist ein Verbrechen gegen Gott und gegen den Menschen, das fest und entschieden zu verwerfen ist.«

Inzwischen hat das Waffenpotential an Umfang und Zerstörungskraft derart immens zugenommen, daß der globale Holocaust, die Vernichtung der gesamten Erde, in die Hand des Menschen gegeben ist. Weitaus mehr als früher engagieren sich heute einzelne Bischöfe und ganze Bischofskonferenzen für den Frieden, plädieren für weltweite Abrüstung und verurteilen den Krieg schlechthin.

Das meiste Aufsehen erregte der katholische Episkopat in den USA mit seinem Hirtenbrief zum Thema Abrüstung. Bemerkenswerter noch als die Tatsache, daß die Bischöfe den Atomkrieg strikt ablehnen und den Besitz von Atomwaffen nur bedingt konzedieren, ist der Umstand, daß ihre Einstellung der Regierungspolitik in den Vereinigten Staaten von Amerika widerspricht. Mit Recht machten sie bei dieser Problematik auch auf den krassen Widerspruch zwischen militärischer Aufrüstung und menschlicher Unterentwicklung in vielen Ländern der Erde aufmerksam.

Betrachtet man demgegenüber das von mancher politischen Rücksicht zeugende Hirtenwort »Gerechtigkeit schafft Frieden« (1983) des deutschen Episkopats, dann fallen, ungeachtet aller erfreulichen, von christlichem Geist getragenen Aussagen, wie sie in früheren Verlautbarungen zu dieser Frage nicht anzutreffen sind, zwei Punkte schmerzlich auf: einmal das deutliche Bestreben, den Kurs der Regierung in Bonn nicht zu durchkreuzen, und dann das ängstliche Zurückbleiben hinter der radikalen Friedensforderung, die nach Reinhold Schneider »totale Gewaltlosigkeit« heißt. Zwar wird im erwähnten Hirtenbrief jeder Angriffskrieg, auch wenn er zur Wiederherstellung eines schwer verletzten Rechts dienen sollte, als moralisch unerlaubt bezeichnet. Der Krieg gilt jedoch dann als »gerecht«, wenn er »zur Verteidigung und Abwehr eines extremen Unrechts« geführt wird und wenn »die Zerstörung die er anrichtet, das abzuwehrende Unrecht nicht übersteigt«. Deshalb folgt auch ein Ja zum Abschreckungspotential: »Nur solche und so viele militärische Mittel dürfen bereitgestellt werden, wie zum Zweck der an Kriegsverhütung orientierten Abschreckung gerade noch erforderlich sind.«

Mit dieser Kriegskalkulation müssen die Bischöfe in Widerspruch geraten zu all jenen Gläubigen, die nicht nur den Atomkrieg ohne jede Bedingung ablehnen, sondern auch schon den Besitz und die Herstellung von Atomwaffen als unmoralisch einschätzen und deshalb fordern, daß alle ABC-Waffen so schnell und so sicher wie möglich demontiert und unschädlich gemacht werden.

Wird die Kirche abermals mitschuldig?

Politische Freiheit und christliche Freiheit sind nicht identisch. Die dauernde Versuchung, beide Bereiche miteinander zu verwechseln oder ineinander zu schieben, war zu allen Zeiten groß; sie ist es auch heute noch, wenn die politische Freiheit zum Schutzmantel der christlichen dient. Doch hier darf nur, um ein bekanntes Wort von Blaise Pascal abzuwandeln, dieses eine gelten: Der Glaube hat seine Gründe, von denen die Politik nichts weiß und auch nichts versteht.

Was dies konkret bedeutet, hat der geistliche Schriftsteller Heinrich Spaemann, ein entsprechendes Jesuswort interpretierend, treffend so beschrieben: »Wie dem Petrus damals sagt Jesus heute seiner Endzeitkirche als erster das Wort: ›Stecke dein Schwert in die Scheide!‹ Danach erst: ›denn alle, die das Schwert ziehen, werden durch das Schwert umkommen‹. Zwischen den beiden Halbsätzen besteht ein Zusammenhang. Von der Glaubenskonsequenz des Petrus in entscheidender Stunde hängt es mit ab, ob und wann das prophetische ›Denn alle werden durch das Schwert umkommen‹ wirklich werden wird. Wenn die Kirche nicht als erste dem Wort Jesu gehorcht, wenn sie sich in das politische Mächtespiel mit ihrem Weiterdrehen an der widergöttlichen atomaren Schraube zur illusionären ›Gleichgewichtsherstellung‹ einläßt, statt sich radikal von diesen Waffen zu distanzieren und auf nichts anderes zu drängen als auf ihren schrittweisen Abbau, wird sie mitschuldig werden an dem ›alle‹.«

So sehr auch heute das Problem der Kriegsrüstung zu einer Existenzfrage der Erde mitsamt der Menschheit geworden ist, es gibt zuvor noch zahlreiche andere Probleme, bei denen die Kirche ganz entschieden im Geiste Jesu Christi Stellung beziehen müßte, ohne darauf zu sehen, ob ihr dies zum Nutzen oder Schaden gereicht. Nur zu oft werden Rücksichten geübt und Kompromisse geschlossen, die sich mit dem Evangelium nicht vereinbaren lassen. Wann endlich riskieren die Kirchenführer auch ernste Konflikte mit menschenverachtenden Systemen und Diktatoren, anstatt sich auf unverbindliche Diplomatik und schmeichelhafte Rhetorik zu verstehen?

Papst und Bischöfe protestieren heute zwar gegen Menschenrechtsverletzungen in der östlichen Hemisphäre – freilich schon nicht mehr mit derselben Konsequenz bei ähnlichen Verstößen in der westlichen Welt –, innerhalb der eigenen Kirche aber dauert die Verletzung einzelner Menschenrechte wegen starren Festhaltens an historischen Traditionen (z. B. am hierarchischen Kirchenprinzip oder an der Geringschätzung der Frau) unvermindert an.

Zum Schaden des ganzen christlichen Glaubens geschieht es auch, wenn die ökumenischen Bestrebungen in den Kirchen von seiten der Römisch-Katholischen Kirche statt mutiger Förderung weitgehende Behinderung erfahren. Hier steht nicht weniger als die Glaubwürdigkeit der christlichen Botschaft auf dem Spiel.

V. Zeitzeugen nehmen Stellung

Als ich Pfarrer Johannes Burkhart am 4. März 1983 zum ersten Mal besuchte, empfing er mich mit den überraschenden Worten: »Warum kommen Sie denn schon jetzt! Hätten Sie nicht noch ein paar Jahre warten können, bis ich tot gewesen wäre!« Der Häftling des KZ Dachau sprach zwar in einem freundlichen Ton, er meinte es aber ernst mit dem Vorwurf, daß die Historiker sich fast nur mit papierenen Quellen beschäftigen, um aus den darin geschilderten *res gestae* ihre Theorien zu entwickeln, und nur in seltenen Fällen jene Menschen befragen, die als Augen- und Ohrenzeugen klärende Auskünfte über bestimmte Ereignisse erteilen können.

Zum Schluß dieses Buches geben fünf besonders qualifizierte Zeugen jener schlimmen Zeit in aller Kürze Antwort auf die immer wieder gestellte Frage nach dem Verhalten der Katholischen Kirche unter dem Regime des Nationalsozialismus. So unterschiedlich ihre Argumentationen und Positionen damals waren und heute noch sind, es zeigt sich doch ein »gemeinsamer Nenner«, den man in Verbindung mit den literarischen Quellen, die des Historikers bevorzugtes Arbeitsmaterial bleiben werden, so formulieren kann: vereinzelter Widerstand inmitten allgemeiner Anpassung.

ALFONS BEIL

1896 in Gutenstein bei Sigmaringen geboren, 1924 Priesterweihe, 1925–32 Kaplan in Mosbach, 1936–71 Pfarrer in Heidelberg

Katholischerseits bekämpfte man, mit Ausnahme der äußersten »Rechten« (Franz von Papen), den Nationalsozialismus von Anfang an mit aller Schärfe. Seine Vergötzung der Nation und seine

Orgien des Hasses standen nicht nur in schroffem Gegensatz zum Geist des Evangeliums, sie widersprachen auch der bürgerlichen, politisch in der Zentrumspartei beheimateten Christenheit. Die Art des Kampfes freilich entsprach christlichem Geist oft wenig; man ließ es an Niveau fehlen, ja, begab sich auf die Ebene des Gegners. Nach der »Machtergreifung« erfolgte ein jäher Umschlag. Walter Gurian (alias Stefan Kirchmann) verschickte 1934 von der Schweiz aus »St. Ambrosius und die deutschen Bischöfe«, worin er die Bischöfe beschwor, mutig die Wahrheit zu sagen.

Der Umschwung, unter dem man mehr leiden konnte als unter der diabolischen Gewaltherrschaft, kam nicht von ungefähr. Es gab in unserer Kirche Schwachstellen, durch die der Ungeist einbrechen konnte. Mit der Gewissens- und Religionsfreiheit stand es nicht gut: Einbruchsstelle für den Antiliberalismus des Nationalsozialismus. Der preußisch-deutsche Nationalismus und Monarchismus war nicht überwunden; Kardinal Faulhaber zum Beispiel blieb ein Gegner der Weimarer Republik: Einbruchsstelle für den Supernationalismus und Führerkult. Der Antisozialismus – man denke nur an das schiefe Verhältnis der Kirche zur Industriearbeiterschaft und zur Gewerkschaft – war Tradition: Einbruchsstelle für den Nationalsozialismus mit seinem Kampf gegen den Kommunismus als Staatsfeind Nr. 1. Schließlich die im Kirchenvolk tief verwurzelte, auch theologisch begründete, unterschwellige oder auch offenkundige Judenfeindschaft: eine für den Nationalsozialismus besonders geeignete Einbruchsstelle. Es geschah zwar manches zur Rettung »nichtarischer« Christen, durch den einen oder anderen Bischof wohl auch etwas für die Juden als solche; ein prophetisches öffentliches Eintreten für die Juden insgesamt aber blieb aus. Der Großteil der Katholiken wollte nach 1945 von Deportationen, geschweige denn von Vernichtungslagern nichts gewußt haben.

So kam es nach dem Zweiten Weltkrieg statt zu einer Um- und Neubesinnung zu einer Verdrängung, statt zu einem Neuaufbau zu einem Wiederaufbau.

Diese Entwicklung stimmt tief traurig. Doch vielleicht gibt es Zeichen der Hoffnung. Hinsichtlich der Glaubensspaltung denken wir an das freimütige Bekenntnis Papst Hadrians VI. durch seinen Legaten beim Nürnberger Reichstag am 3. Januar 1523 und an versöhnliche Worte und Gesten der Päpste seit Johannes XXIII. Dürfen wir nicht auch zu der Frage nach dem Verhalten der Katholischen Kirche im Dritten Reich endlich ein rückhaltlos demütiges, offenes, aufrüttelndes und zugleich befreiendes Hirtenwort erwarten?

JOHANNES BURKHART

1904 in Weiler geboren, 1930 Priesterweihe, 1930–36 Kaplan in Seeg, Neuburg a. d. D., Biberbach, Ettenbeuren und Markt Rettenbach, 1936–47 Pfarrer in Oberhausen, mit Unterbrechung von 1942 bis 1945 wegen Haft im Konzentrationslager Dachau, 1947–55 Pfarrer in Wertingen, 1956–72 Pfarrer in Ottmarshausen

Wenn ich ohne Bedenken niederschreibe, daß die Bischöfe – nicht die Kirche! – im Dritten Reich versagt haben, soll dies keinesfalls als ein Werturteil verstanden werden. Vielmehr wird damit die alte Weisheit bestätigt: Sie waren auch nur Menschen!

Die Bischöfe waren monarchisch, hierarchisch und deshalb antidemokratisch. Deshalb empfanden sie den Spruch »Ein Reich – ein Führer!« sympathisch. Sie waren gehorsam ergeben, getreu der Devise: Thron und Altar gehören zusammen! Deshalb standen sie in Treue zu Volk und Vaterland. Die Bischöfe waren weltfremd. Spiritualität und der Slogan »Rette deine Seele!« standen im Vordergrund. Unbekannt blieben ihnen fanatische Strömungen, die das Volk verführerischen Parolen auslieferten. Und die Bischöfe waren ängstlich besorgt, Schaden von der Kirche fernzuhalten. Das Martyrium zählte nicht als eine Kategorie für das religiöse Leben. Die Mahner und Warner vor 1933 wurden nicht ernst genommen, sondern ausgelacht. Bei der »Machtübernahme« und vor allem nach dem Konkordat waren die Bischöfe sorglos, weil sie hofften, Hitler zähmen zu können. Dies gilt übrigens für die ausländischen Regierungen ebenso. Unter dem Klerus gab es nur wenige echte Nazis, die meisten Geistlichen verkrochen sich in den inneren Widerstand, nur einige Priester wagten ein offenes Bekenntnis gegen die NSDAP und blieben isoliert. Diese protestierenden Priester galten als Unruhestifter und Schädlinge der Kirche – bei der eigenen Obrigkeit! Aufgrund des Artikels 32 im Konkordat, das der Kirche politische Betätigung untersagte, wurde jede Kritik als ein politisches Verbrechen angeprangert und eben nicht als kirchlicher Widerstand. Auch die bischöflichen Ordinariate ließen sich in diesem Sinne einspannen. Deshalb auch warf ich alle diesbezüglichen Rügen des Generalvikars großzügig in den Papierkorb. Mein Schulverbot durch die Gestapo kommentierte der Bischof: »Das wundert mich nicht bei diesem enfant terrible der Diözese.« Darauf bin ich heute noch stolz.

Nach 1945 galt es zu zeigen, daß die Kirche aus dem »Tausendjährigen Reich« makellos und heilig hervorgegangen war – wie ein stolzer Phönix aus den Trümmern. Die Entnazifizierung der betroffenen Geistlichen fand nicht statt. Mit dem erneuten Verbot politischer Wirksamkeit für den Klerus waren vor allem die KZ-Priester diskriminiert. Diese »politisierenden« Geistlichen waren ja ein lebender Vorwurf! Noch 1950 fand Papst Pius XII. keine Zeit zu einer Audienz für die KZ-Priester. Erst Paul VI. gewährte uns 1966 einen unvergeßlichen Empfang. Die Kritik der KZ-Priester an der eigenen Kirche will nicht als Opposition gegen diese Kirche verstanden werden. Wir litten und leiden mit und an der Kirche, die auch häßliche Runzeln und ärgerliche Schwächen aufweist. Doch erfüllt uns die Furcht, daß die Kirche mehr und mehr unglaubwürdig wird und der Exodus aus der Kirche sich noch verstärkt.

WALTER DIRKS

Dr. theol. h. c., Professor, geb. 1901 in Dortmund, 1924–34 Kulturschriftleiter der Rhein-Mainischen Volkszeitung, 1935–43 Feuilleton der Frankfurter Zeitung, 1956–67 Leiter der Hauptabteilung Kultur beim Westdeutschen Rundfunk Köln

Es hat durchaus einen Sinn, die Schuld am Versagen des deutschen Katholizismus angesichts der Versuchung und angesichts der – fast totalen – Macht des deutschen Faschismus in bestimmten Instanzen und Personen, in Aussagen, Handlungen und Unterlassungen zu suchen. Man darf dann aber nicht übersehen, in welchem Maße das katholische Weltbild mitgewirkt hat. Seine geschichtlich gewachsene Eigenart macht das konkrete Versagen oft verständlich; es muß aber anderseits selbst als Versagen erkannt werden. Diese Art von Mitschuld ist sogar besonders wichtig, weil jener Mangel im Weltbild auch heute keineswegs überall überwunden worden ist.

Es handelt sich im Vordergrund um ein Defizit an politischer Theorie. Man entwickelte dem Faschismus gegenüber keine geistige und keine politische Strategie, ja, man war dem völlig neuen Phänomen gegenüber wehrlos, weil man seine Existenz von vornherein nicht verstand; man beurteilte den Faschismus mit unzureichenden Kategorien des Verständnisses, zunächst und vor der Machtergreifung aus religiösen und moralischen Gründen kritisch, dann nach der Machtergreifung immerhin ambivalent, in einer Haltung des teils nein, teils ja. Dabei haben bestimmte Scheinübereinstimmungen der katholischen Tradition mit der nationalsozialistischen Ideologie und mit dem faschistischen Staatsmodell eine Rolle gespielt: so ein unfruchtbarer gefährlicher Antikommunismus, so antizivilisatorische und antidemokratische Ressentiments, so autoritäre und hierarchische Denk- und Gefühlsstrukturen. Entscheidend aber war wohl, daß im Banne des neuscholastischen Systemdenkens weder der reale Charakter der Gesellschaft noch der Prozeß ihrer Geschichte angemessen in den Blick kamen. Der Politische Katholizismus des 19. Jahrhunderts war eine auf das Religiöse und auf einen konservativen Kulturbegriff eingeengte Defensiv-Formation; in dieser Tradition verzichteten die beiden katholischen Parteien auch nach 1918, als an sich die politischen Parteien die eigentlichen Träger der staatlichen Souveränität geworden waren, auf originäre politische Konzeptionen – die föderative Option ausgenommen. Sie reagierten statt zu agieren; sie verstanden sich nicht als demokratisch-republikanische Kräfte, sondern als »Verfassungsparteien«, in denen die politisch-geschichtlichen Entscheidungen, die fällig gewesen wären, zugunsten eines bequemen demokratischen Formalismus ausgespart blieben. In diesem Versagen vor der Geschichte wurden die Katholiken vom Faschismus überrumpelt. Dabei wirkte die Fixierung auf die

Theologie und Philosophie der Gegenreformation nach sowie das Ideal des mittelalterlichen Doppelreiches als Idee der »christlichen Kultur«. Ältere Wurzeln des Versagens kann man in der Verdrängung des geschichtlich-prophetischen Erbes aus dem jüdischen Gottesvolk durch das griechische Geist-Denken und das römische Staatsdenken sehen sowie in der »konstantinischen Wende«, als die Christen den Umschwung nicht schafften, der fällig gewesen wäre: aus dem paulinischen Obrigkeits-Gehorsam in die christlich-weltliche Verantwortung des politischen Bereichs.

Dieselben Defizite machen dem christlichen Bewußtsein noch heute angesichts der drohenden Nuklearkatastrophe und anderen ungelösten Aufgaben der menschlichen Gesellschaft zu schaffen.

STEPHAN H. PFÜRTNER

Dr. theol., geb. 1922 in Danzig, 1939–45 Arbeits- und Militärdienst, dazwischen Verhaftung durch die Gestapo im Juli 1942 und Verurteilung durch das Berliner Volksgericht im Rahmen des »Lübecker Christenprozesses« im Juni 1943, 1945 Eintritt in den Dominikaner-Orden, 1955–66 Professor für katholische Moraltheologie an der Dominikaner-Hochschule Walberberg, Aufbau der Jugendakademie Walberberg, 1966–74 Professor für Moraltheologie an der Universität Freiburg/Schweiz, 1972 Konflikt mit der Römischen Glaubenskongregation, der 1974 zur Demission vom Freiburger Lehrstuhl, zum Niederlegen des kirchlichen Amtes und zum Verlassen des Ordens (»Laisierung« und Heirat) führte, 1974–75 Mitglied einer Forschungsgruppe für Recht und Sozialwissenschaften an der Universität Bielefeld, 1975–77 Gastprofessor im Fachbereich Evangelische Theologie der Universität Marburg, seit 1977 Professor für Sozialethik an der Universität Marburg

Die Stellungnahme muß mit einem biographischen Kontext beginnen. Zum Zeitpunkt der »Machtergreifung« war ich gerade zehn Jahre. Um diese Zeit begannen auch bewußte Erfahrungen mit meiner Kirche. Diese hat sich für mich zwischen 1933 und 1945 zunehmend als Schutzraum des ideologischen Widerstandes und der humanitären Bemühungen im Kampf gegen die Unmenschlichkeiten des Nationalsozialismus erwiesen. Mit »Kirche« meine ich hier zuerst und vor allem die katholische Herz-

Jesu-Gemeinde in Danzig-Langfuhr mit ihrem damaligen Pfarrer Josef Wothe und einem Gemeinde-Vikar, dem Dominikaner Heinrich Christmann. Kirche kam mir in den Religionslehrern am Städtischen Gymnasium in Danzig entgegen, vor allem in Richard Stachnik, ab 1941 in den drei Kaplänen Prassek, Lange und Müller in Lübeck, zu denen später im Gefängnis noch der evangelische Pastor Stellbrink hinzustieß. Kirche meint aber auch – und eher noch mehr – die Gebets-, Erlebnis- und Tätigkeitsgemeinschaft in verschiedenen kirchlichen Jugendgruppen in Danzig, Berlin und Breslau, vor allem im Schülerbund »Neudeutschland« und den jugendlichen Kleingemeinschaften, die nach dessen zwangsmäßiger Auflösung als private Gruppen im Untergrund weiterlebten. Kirche meint weiterhin die heimlichen Gesprächsgruppen im »Arbeitsdienst« und in der »Wehrmacht« zwischen 1939 und 1945, die sich hier überkonfessionell bildeten, mit vielen, deren Namen ich nicht mehr kenne, mit denen ich aber immer dann offen zu reden wagte, wenn wir uns gegenseitig als kirchliche Sympathisanten entdeckt hatten. Kirche erfuhr ich – wiederum konfessionsübergreifend – in der Häftlingsgruppe, der ich zwischen 1942 und 1943 im Zusammenhang mit dem »Lübecker Christenprozeß« angehörte. Schließlich begegnete mir Kirche zuerst und vor allem in meinen Eltern und Geschwistern, erfuhr ich aus dem Miteinander mit ihnen, was Kirche will und Kirche sein könnte zugunsten einer glaubensgetragenen Menschlichkeit. Von ihnen habe ich die Sehnsucht nach Freiheit und den Widerwillen gegen Unmenschlichkeit empfangen. In dieser Kirche habe ich gelernt, die Hoffnung auf eine Welt brüderlicher Menschlichkeit durch keine Enttäuschungen ersticken zu lassen. Die Erfahrungen in den schwersten Phasen meiner eigenen Lebensgeschichte sind ein entscheidender Grund, warum ich meine Kirche trotz späterer Konflikte mit bestimmten Kräften und Kreisen in ihr nicht verlassen habe.

Die angesprochenen Freiheits-, Menschlichkeits- und Hoffnungserfahrungen hingen nicht im luftleeren Raum utopischer Phantasie-Erwartungen. Sie lebten von konkreten Eindrücken. Bleiben wir beim Beispiel der »Kirche als gesellschaftlichem Schutzraum von Freiheit«: Wir mögen mit Geistlichen und kirchlich orientierten Freunden gestritten haben über das, was uns als Recht und Unrecht jener Tage erschien – wir konnten aber sicher sein, daß sie uns nicht »verpfiffen«, selbst wenn jemand sogar – wie unser Religionslehrer Karl Knoop – ein Parteiabzeichen trug. Je schärfer die Überwachung und Bespitzelung durch fanatisierte Parteianhänger oder durch die Gestapo wurde, je radikaler sich deren Repressalien gestalteten, um so kleiner wurde der Personenkreis, mit dem man offen zu sprechen wagte. Das Ausmaß, in dem damals Freiheit durch Bespitzelungsängste eingeschränkt wurde, ist heute in unserem Staat kaum vorstellbar, trotz aller Orwell-Verhältnisse, die wir beklagen. Im November 1944 konnten wir – meine Eltern, Geschwister und ich – drei jungen Jüdinnen eine abenteuerliche Flucht aus dem KZ Stutthof ermöglichen. Einzuweihen und um Hilfe für eine Untertauch-Aktion zu bitten, wagten wir jedoch zu diesem Zeitpunkt nur noch kirchliche Vertraute. Anderweitige Freunde aus der Nachbarschaft, aus dem elterlichen Berufsfeld, aus der Schule, der »Wehrmacht« oder der Universität einzubeziehen, trauten wir uns nicht mehr; schon deshalb nicht, weil wir ihnen mögliche Repressalien nicht zumuten wollten. In der Kirche aber glaubten wir Bereitschaft zum Durchhalten bis aufs äußerste voraussetzen zu dürfen, jedenfalls bei den entschlossenen Christen. Trugen sie nicht den Namen eines Entschlossenen, der gegen das Unrecht bis zu seinem Tod am Kreuz widerstanden hatte? Daß seine Sache weiterging und auf seine Kraft auch heute noch zu setzen ist, bezeugten mir nicht zuletzt die genannten Lübecker Geistlichen. Monatelang hatte ich in Einzelhaft Zelle an Zelle mit ihnen gesessen; ich hatte erlebt, daß sie alles andere als Fanatiker waren, daß sie wie ich mit Ängsten und Depressionen leben mußten und daß sie trotzdem die Kraft der Empörung gegen die Entehrung des zu Ehrenden nicht verloren hatten. Mit ebenso geprüfter wie unerschütterlicher Zuversicht waren sie aufs Schafott gegangen, in Hamburg, am 10. November 1943, einer nach dem anderen, in zwei Minuten Abstand.

Ich bin mir des protokollarischen Charakters der Stellungnahme hier bewußt. Die persönlichen Kirchenerfahrungen können nicht verallgemeinert werden. Sie enthalten zudem auch andere Elemente und widersprechen mit ihnen dem Ansinnen, die

Kirche als ganze zum Inbegriff des Widerstandsgeistes zu machen. Verschiedene Mitglieder der Lübecker Häftlingsgruppe, vor allem Kaplan Prassek als einer der »führenden Köpfe«, haben erheblich darunter gelitten, daß der zuständige Bischof von Osnabrück, Wilhelm Berning, sich nur sehr zögerlich zu ihnen bekannte. Jedenfalls war bei ihnen dieser Eindruck entstanden. Immerhin saßen die drei Kapläne seit Mitte Mai/Juni 1942 in Haft. Prassek erhielt jedoch erst im November 1942 vom Bischof einen Brief, der Ende August 1942 abgefaßt worden war (vgl. Else Pelke: Der Lübecker Christenprozeß 1943, Mainz 1961). Konnte der Bischof ein anderes direktes Lebenszeichen oder gar einen Besuch bei den Häftlingen ermöglichen? Ein sehr kritisches Briefdokument dazu von Prassek wurde bisher aus innerkirchlicher Solidarität der Öffentlichkeit nicht zur Kenntnis gebracht. Auch einige Kirchenleute hielten die Kapläne, besonders den letzteren, für Scharfmacher oder jugendliche Heißsporne, die ganz unnötig Unruhe in die Öffentlichkeit getragen hätten. Man darf nicht übersehen, daß die Gestapo gezielt zur Diffamierung der Verhafteten und zur Irritation der Gemeinden das Gerücht verbreitet hatte, der Bischof habe sich von seinen jungen Geistlichen abgewandt. Daß der Bischof tatsächlich derartiges getan hat, und wenn auch nur in der Anfangsphase des ganzen Geschehens, habe ich nirgends bestätigt gefunden. Belegt ist vielmehr die vielfache seelsorgerliche Bemühung von Berning um seine Geistlichen. Gleichwohl steht auch das andere fest: Der Osnabrücker Bischof hat sich in den eineinhalb Jahren, die zwischen der Verhaftung und Hinrichtung der Geistlichen lagen, nie zu einer öffentlichen Solidaritätserklärung mit seinen verhafteten Mitchristen noch zu einem aufrüttelnden Protestwort aus seinem Predigtamt heraus durchringen können. Ob er es je erwogen hat, weiß ich nicht. Ein Modell für diese Art des Einsatzes hatte er in seinem Amtsbruder, Graf von Galen, dem Bischof von Münster. Und wie glücklich wären wir über ein solches öffentlichen Zeichen damals gewesen!

Von dieser Seite eigener Erfahrungen habe ich es zutiefst bedauert, daß meine Kirche nach 1945 nicht – wie die Evangelische in Stuttgart – zu einem öffentlichen Bekenntnis ihres Versagens fand. Dazu hatten wir alle wie sie wahrhaftig Grund genug, als ihr wie uns Deutschen überhaupt von Monat zu Monat durch die einsetzende Information das Ausmaß der nazistischen Greuel vor Augen trat. Damit mußte doch auch ihr spätestens aufgegangen sein, wo sie überall geirrt, geschwiegen und ihre Hilfe unterlassen hatte. Zuerst ein teilweises Sympathisieren mit dem Nationalsozialismus aus dem gemeinsamen Bolschewismusschrekken, dann zunehmend Angst vor dem Nazi-Terror oder Fehleinschätzung der eigenen öffentlichen Einflußmöglichkeiten, Verdrängung von schrecklichen Kenntnissen, Mangel an geschärftem politischen Gewissen aus konfessionalistisch beschränktem Erkenntnisinteresse oder auch traditionsbedingte Unfähigkeit, mit dem Widerstandsrecht als Gewissenspflicht umzugehen: Diese und andere Zusammenhänge hätten als Gründe vollauf zu einem öffentlichen Schuldbekenntnis gereicht. Leider habe ich bisher von keinem Sprecher der deutschen Bischofskonferenz irgendein Schuldeingeständnis dieser Art öffentlich vernommen. Die von Rolf Hochhuth in seinem »Stellvertreter« vorgebrachte Anklage erfuhr seitens der deutschen Katholiken fast nur entrüstete Absagen. Sie löste keinen kritischen Prozeß der Selbstreinigung, sondern einen neuen Vorgang kollektiver Selbstrechtfertigung und Schuldverdrängung aus. Es wird Zeit, daß der deutsche Katholizismus sich offen den wahren Verhältnissen seiner jüngsten Zeitgeschichte stellt. Diese sind nicht einfach mit der Gloriole »Widerstand« zu bestimmen, aber auch nicht mit dem Stichwort »Anpassung«.

JOSEPH C. ROSSAINT

Dr. phil., geb. 1902 in Herbesthal bei Eupen, 1927 Priesterweihe, 1927–32 Kaplan in Oberhausen, 1932–36 Kaplan in Düsseldorf. 1937 vom Berliner Volksgerichtshof wegen Vorbereitung zum Hochverrat zu elf Jahren Zuchthaus und zehn Jahren Ehrverlust verurteilt, 1937–45 Häftling im Zuchthaus Remscheid-Lüttringhausen, nach 1945 in Organisationen für Vertriebene und Ausgebombte tätig, Gründer des Bundes christlicher Sozialisten, seit 1947 Mitglied und seit 1967 Präsident der Vereinigungen der Verfolgten des Naziregimes und des Bundes der Antifaschisten.

Die amtliche Kirche hat als Institution mit den meisten ihrer Gläubigen einen bemerkenswerten weltanschaulichen, aber auch einen gesellschaftspolitischen Teilwiderstand geleistet. Doch nach der Etablierung des Nazistaates nahm sie auffallend schnell aufgrund einer taktisch »schönen« Rede Hitlers ihre vorherigen Ablehnungen zurück. Sie tat dies, ohne das praktische Verhalten der neuen Regierung abzuwarten, wie es sonst üblich war, um die »Geister« klarer erkennen zu können. Im Gegenteil, sie forderte die Katholiken sogleich auf, im neuen Staat aus christlicher Verantwortung mitzuarbeiten, und lehnte als im Gewissen verpflichtend einen Widerstand gegen die neue Obrigkeit ab. Für die Bischöfe war damit das weltanschauliche, aber auch das gesellschaftspolitische Problem erledigt!

Dieses Verhalten der kirchlichen Hierarchie enttäuschte aber nicht nur die Anhänger der katholischen Zentrumspartei, in deren Reihen es noch viele gab, denen gelehrt worden war, daß ein Nichtwählen dieser Partei als schwere Sünde oder Verfehlung anzusehen sei. Viele Katholiken schüttelten den Kopf über diesen Wandel, ein Teil hielt ihn auch für »Unfug«. Sie alle trauten mehr ihren eigenen Erfahrungen mit den Nazis, den kollegialen Kontakten zu ihren Arbeitskollegen oder auch einer besseren geschichtlich-politischen Analyse.

Der schnelle Abschluß des Konkordates lag auf derselben Linie. Er hat Hitler bei der Erreichung einer positiven außenpolitischen Anerkennung besonders im Ausland und der noch nicht vorhandenen innenpolitischen Stabilisierung durchaus geholfen und den Prozeß der nachfolgenden »Gleichschaltung« erleichtert.

Nach 1945 beriefen sich die amtlichen Kirchenvertreter auf ihren kirchlich-religiösen Widerstand, den sie oft summarisch und damit fälschlich als politischen Widerstand formulierten oder gerne so bezeichnen ließen. Sie sahen in ihrem Widerstand meist eine Opposition »besonderer Art«, die in dem Sinne als politisch besonders wirksam bezeichnet wurde. Konsequenzen eines erneuerten Verhaltens zog man nicht. Im Vordergrund standen jetzt unmittelbar geschichtliche Ängste vor dem Kommunismus, schon von Hitler indoktriniert. Der Wille, diesem Kommunismus entgegenzutreten, ließ die Katholiken in der Gewohnheit und Herkunft ihres Denkens verbleiben und der Restauration als dem rechten Weg in die Zukunft die Wege ebnen. Inzwischen hat sich allzu deutlich gezeigt, daß dieser Weg in immer größere Sackgassen führt.

Über die zentralen Fragen, warum gerade Katholiken zwei bis drei Generationen brauchen, bevor sie anfangen, historische Veränderungen zu begreifen, welchen Einfluß und am Ende welche negativen Auswirkungen ihre konservativ-autoritäre Grundhaltung im Verlauf der letzten hundertfünfzig Jahre besaßen und wie sehr ihre meist direkte Nachbarschaft zu vielen Arten politischer Romantik sie, zum Teil auch ungewollt, in die eiserne Romantik der Nazis einmünden ließ, und über eine Anzahl anderer Fragen ist damit noch nichts ausgesagt, vor allem auch nichts über die festgefahrenen kirchlichen Praktiken und theologischen Argumentationen, wie sie jetzt, meist negativ, sichtbar wurden.

Rechenschaftsbericht (1942 / 1943)

Die große Maskerade des Bösen hat alle ethischen Begriffe durcheinander gewirbelt. Daß das Böse in der Gestalt des Lichts, der Wohltat, des geschichtlich Notwendigen, des sozial Gerechten erscheint, ist für den aus unserer tradierten ethischen Begriffswelt Kommenden schlechthin verwirrend; für den Christen, der aus der Bibel lebt, ist es gerade die Bestätigung der abgründigen Bosheit des Bösen ... Wir sind stumme Zeugen böser Taten gewesen, wir sind mit vielen Wassern gewaschen, wir haben die Künste der Verstellung und der mehrdeutigen Rede gelernt, wir sind durch Erfahrung mißtrauisch gegen die Menschen geworden und mußten ihnen die Wahrheit und das freie Wort oft schuldig bleiben, wir sind durch unerträgliche Konflikte mürbe oder vielleicht sogar zynisch geworden – sind wir noch brauchbar?

Dietrich Bonhoeffer,
am 9. April 1945 im Konzentrationslager Flossenbürg
umgebracht

Quellen- und Literaturverzeichnis

Quellen

ADOLPH, WALTER: Geheime Aufzeichnungen aus dem nationalsozialistischen Kirchenkampf 1935–1943, bearbeitet von Ulrich von Hehl, Mainz 1979, ³1983

BOBERACH, HEINZ (Bearb.): Berichte des SD und der Gestapo über Kirchen und Kirchenvolk in Deutschland 1934–1944, Mainz 1971

BROSZAT, MARTIN U. A. (Hg.): Bayern in der NS-Zeit, 5 Bde., München 1977–1983

DENZLER, GEORG – FABRICIUS, VOLKER (Hg.): Die Kirchen im Dritten Reich. Christen und Nazis Hand in Hand? Bd. 2: Dokumente, Frankfurt 1984

HOFER, WALTHER (Hg.): Der Nationalsozialismus. Dokumente 1933–1945, Frankfurt 1982

JOCHMANN, WERNER: Adolf Hitler · Monologe im Führer-Hauptquartier 1941–1944. Die Aufzeichnungen von Heinrich Heims, Hamburg 1980

MUCKERMANN, FRIEDRICH: Im Kampf zwischen zwei Epochen. Lebenserinnerungen, bearbeitet von Nobert Junk, Mainz 1973

MÜLLER, HANS (Hg.): Katholische Kirche und Nationalsozialismus. Dokumente 1930–1935, München 1963

SCHNEIDER, BURKHART (Hg.): Die Briefe Pius' XII. an die deutschen Bischöfe 1939–1944, Mainz 1966

STASIEWSKI, BERNHARD (Hg.): Akten deutscher Bischöfe über die Lage der Kirche 1933–1945, Bde. 1–3, Mainz 1968–1979

VOLK, LUDWIG (Hg.): Akten deutscher Bischöfe über die Lage der Kirche, Bde. 4–5, Mainz 1980–1983

VOLK, LUDWIG (Hg.): Akten Kardinal Michael von Faulhabers 1917–1945, 2 Bde., Mainz 1975–1978

ZIPFEL, FRIEDRICH: Kirchenkampf in Deutschland 1933–1945. Religionsverfolgung und Selbstbehauptung der Kirchen in der nationalsozialistischen Zeit, Berlin 1965

Literatur

ALBRECHT, DIETER (Hg.): Katholische Kirche im Dritten Reich. Eine Aufsatzsammlung, Mainz 1976

BINDER, GERHART: Irrtum und Widerstand. Die deutschen Katholiken in der Auseinandersetzung mit dem Nationalsozialismus, München 1968

BÖCKENFÖRDE, ERNST-WOLFGANG: Kirchlicher Auftrag und politische Entscheidung, Freiburg 1973

BREUNING, KLAUS: Die Vision des Reiches. Deutscher Katholizismus zwischen Demokratie und Diktatur (1929–1934), München 1969

CONWAY, JOHN S.: Die nationalsozialistische Kirchenpolitik 1933–1945. Ihre Ziele, Widersprüche und Fehlschläge, München 1969

DENZLER, GEORG – FABRICIUS, VOLKER: Die Kirchen im Dritten Reich. Christen und Nazis Hand in Hand? Bd. 1: Darstellung, Frankfurt 1984

DIRKS, WALTER: War ich ein linker Spinner? Republikanische Texte – von Weimar bis Bonn, München 1983

GOTTO, KLAUS – REPGEN, KONRAD (Hg.): Die Katholiken und das Dritte Reich, Mainz 1983

KRINGELS-KEMEN, MONIKA – LEMHÖFER, LUDWIG (Hg.): Katholische Kirche und NS-Staat. Aus der Vergangenheit lernen? Frankfurt 1981

LÄPPLE, ALFRED: Kirche und Nationalsozialismus in Deutschland und Österreich, Aschaffenburg 1980

LEWY, GUENTER: Die katholische Kirche und das Dritte Reich, München 1965

LIEBMANN, MAXIMILIAN: Kardinal Innitzer und der Anschluß. Kirche und Nationalsozialismus in Österreich 1938, Graz 1982

MISSALLA, HEINRICH: Für Volk und Vaterland. Die Kirchliche Kriegshilfe im Zweiten Weltkrieg, Königstein 1978

SCHOLDER, KLAUS: Die Kirchen und das Dritte Reich, Bd. 1, Frankfurt–Berlin–Wien 1977

SPAEMANN, HEINRICH: Ehe es zu spät ist. Ein Appell, München 1983

SPOTTS, FREDERIC: Kirchen und Politik in Deutschland, Stuttgart 1976

WEILER, EUGEN (Hg.): Die Geistlichen in Dachau, 2 Bde., Mödling/Wien 1972 und Lahr 1983

WEISENBORN, GÜNTHER: Der lautlose Aufstand. Bericht über die Widerstandsbewegung des deutschen Volkes von 1933–1945, Frankfurt [4]1974

ZAHN, GORDON C.: Die deutschen Katholiken und Hitlers Kriege, Graz-Köln 1965

Hinweis:

Für eine ausführlichere Bibliographie vgl. DENZLER, GEORG – FABRICIUS, VOLKER (Hg.): Die Kirchen im Dritten Reich. Christen und Nazis Hand in Hand? Bd. 2: Dokumente, Frankfurt 1984

Zitatnachweis:

Der Abdruck des Sonettes von Haushofer auf S. 8 erfolgt mit freundlicher Genehmigung des Deutschen Taschenbuch-Verlages aus: Albrecht Haushofer, Moabiter Sonette, München 1982[2].

Der Abdruck des Bonhoeffer-Textes auf S. 153 erfolgt mit freundlicher Genehmigung des Christian Kaiser Verlages aus: Dietrich Bonhoeffer, Widerstand und Ergebung, München 1977[2].

SERIE PIPER

Fritz René Allemann   26mal die Schweiz. SP 5106
Franz Alt   Frieden ist möglich. SP 284
Altes Testament   Hrsg. von Hanns-Martin Lutz/Hermann Timm/
   Eike Christian Hirsch. SP 347
Jürg Amann   Die Baumschule. SP 342
Jürg Amann   Franz Kafka. SP 260
Stefan Andres   Positano. SP 315
Stefan Andres   Wir sind Utopia. SP 95
Hannah Arendt   Macht und Gewalt. SP 1
Hannah Arendt   Rahel Varnhagen. SP 230
Hannah Arendt   Über die Revolution. SP 76
Hannah Arendt   Vita activa oder Vom tätigen Leben. SP 217
Hannah Arendt   Walter Benjamin – Bertolt Brecht. SP 12
Birgitta Arens   Katzengold. SP 276
Ernest Ansermet   Die Grundlagen der Musik. SP 388
Ernest Ansermet/J.-Claude Piquet   Gespräche über Musik. SP 74
Atomkraft – ein Weg der Vernunft?   Hrsg. v. Philipp Kreuzer/
   Peter Koslowski/Reinhard Löw. SP 238
Ingeborg Bachmann   Anrufung des Großen Bären. SP 307
Ingeborg Bachmann   Frankfurter Vorlesungen:
   Probleme zeitgenössischer Dichtung. SP 205
Ingeborg Bachmann   Die gestundete Zeit. SP 306
Ingeborg Bachmann   Die Hörspiele. SP 139
Ingeborg Bachmann   Das Honditschkreuz. SP 295
Ingeborg Bachmann   Liebe: Dunkler Erdteil. SP 330
Ingeborg Bachmann   Die Wahrheit ist dem Menschen zumutbar.
   SP 218
Ernst Barlach   Drei Dramen. SP 163
Giorgio Bassani   Die Gärten der Finzi-Contini. SP 314
Wolf Graf von Baudissin   Nie wieder Sieg.
   Hrsg. von Cornelia Bührle/Claus von Rosen. SP 242
Werner Becker   Der Streit um den Frieden. SP 354
Max Beckmann   Briefe im Kriege. SP 286
Max Beckmann   Leben in Berlin. SP 325
Hans Bender   Telepathie, Hellsehen und Psychokinese. SP 31
Hans Bender   Zukunftsvisionen, Kriegsprophezeiungen,
   Sterbeerlebnisse. SP 246
Bruno Bettelheim   Gespräche mit Müttern. SP 155
Bruno Bettelheim/Daniel Karlin   Liebe als Therapie. SP 257
Klaus von Beyme   Interessengruppen in der Demokratie. SP 202
Klaus von Beyme   Parteien in westlichen Demokratien. SP 245
Klaus von Beyme   Das politische System der Bundesrepublik
   Deutschland. SP 186
Der Blaue Reiter   Hrsg. von Wassily Kandinsky und Franz Marc. SP 300
Harald Bilger   111mal Südafrika. SP 5102
Norbert Blüm   Die Arbeit geht weiter. SP 327
Jurij Bondarew   Die Zwei. SP 334
Tadeusz Borowski   Bei uns in Auschwitz. SP 258
Karl Dietrich Bracher   Zeitgeschichtliche Kontroversen. SP 353
Alfred Brendel   Nachdenken über Musik. SP 265
Raymond Cartier   50mal Amerika. SP 5101

SERIE PIPER

SERIE PIPER

SERIE PIPER

SERIE PIPER